QUE SAIS-JE ?

Les toxicomanies

Dr ANTOINE POROT
Professeur honoraire
à la Faculté française de Médecine d'Alger

Sixième édition remaniée et mise à jour par le

Dr MAURICE POROT
Professeur honoraire de Clinique psychiatrique et de Psychologie médicale
à la Faculté de Médecine de Clermont-Ferrand

48e mille

DES MÊMES AUTEURS

A. et M. Porot et collaborateurs, *Manuel alphabétique de psychiatrie clinique et thérapeutique*, Presses Universitaires de France, 5e éd., 1975.

A. Porot, *L'expertise mentale militaire*, en collaboration avec A. Hesnard, Paris, Masson & Cie, édit., 1918, 137 p.

— *Psychiatrie de guerre*, en collaboration avec A. Hesnard, Paris, F. Alcan, édit., 1919, 315 p.

— *Les syndromes mentaux*, Paris, G. Doin, édit., 1928, 370 p.

— *Anormaux et malades mentaux devant la justice pénale*, en collaboration avec Ch. Bardenat, Paris, Maloine, édit., 1959.

— *Psychiatrie médico-légale*, en collaboration avec Ch. Bardenat, Paris, Maloine, édit., 1959.

M. Porot, *La psychologie des tuberculeux*, Neuchâtel-Paris, Delachaux & Niestlé, édit., 1950, 212 p. (ouvrage couronné par l'Académie de Médecine).

— *L'enfant et les relations familiales*, Paris, Presses Universitaires de France, 1979, 8e éd., 1 vol., 276 p., coll. « Sup », section « Paideia ».

— *L'homme et les groupes sociaux*, en collaboration avec Chombart de Lauwe, M. Colin, J. Folliet, J. Hours, H. Joubrel, Cl. Kohler, J. Labbens et R. P. Martelet, Paris, Spès, édit., 1960, 239 p., coll. « Convergences ».

— *Les adolescents parmi nous*, en collaboration avec Jean Seux, Paris, Flammarion, édit., 1964, 1 vol., 221 p., coll. « Le Vif du sujet ».

— *Psychologie médicale du praticien*, Paris, Presses Universitaires de France, édit., 1976, 1 vol., 255 p., coll. « Sup », section « Le Psychologue ».

ISBN 2 13 037637 1

Dépôt légal — 1re édition : 1953
6e édition remaniée et mise à jour : 1982, novembre

Introduction

ESQUISSE HISTORIQUE

L'Antiquité connaissait déjà les vertus de certaines plantes, appelées parfois « divinatoires » : le pavot, dont on extrait l'opium, était cultivé par les Egyptiens ; on en faisait des philtres et des breuvages sédatifs, comme le « νηπενθής » dont parle Homère au IVe Livre de l'*Odyssée*, breuvage qu'Hélène, fille de Zeus, fit boire à Ménélas et « qui donne l'oubli des maux ». Les propriétés enivrantes du chanvre *(cannabis)* cultivé sur les plateaux de l'Inde, dont le haschich est la résine, étaient utilisées pour provoquer l'exaltation dionysiaque dans certaines cérémonies religieuses. La migration et la diffusion de ces plantes et de leurs extraits se firent lentement au cours des siècles à travers tout l'Orient, où s'établit pour quelques sujets l'habitude d'une consommation fréquente ou permanente.

Si l'on excepte quelques produits de l'ancienne pharmacopée, comme le diascordium de Fracastor et le laudanum de Sydenham en usage depuis le XVe siècle, ce n'est guère qu'au début du XIXe siècle que l'opium et le haschich firent leur apparition en Occident et le public apprit surtout à les connaître à travers le mirage d'une littérature d'esthètes et de poètes en quête de sensations nouvelles (Thomas de Quincey, Théophile Gautier) ; Baudelaire les exalta dans ses *Paradis artificiels.*

A cette *période de curiosité littéraire* succéda vite *une période d'intérêt médical et psychologique.* Déjà, en 1840, un aliéniste français Moreau (de Tours) publiait un important travail sur les désordres hallucinatoires et mentaux causés par le haschich. Cet intérêt scientifique n'a fait que se développer par la suite ; on s'est penché sur le problème physiologique que soulevaient le phénomène paradoxal de « l'accoutumance » et de l'état de besoin, et les dégradations que pouvaient faire subir à l'organisme ces intoxications prolongées.

L'alerte médicale se justifiait d'autant plus que l'industrie chimique et pharmaceutique, qui commençait alors son prodigieux essor, mettait en abondance sur le marché toute une série de produits : alcaloïdes de l'opium (morphine, codéine, héroïne, etc.), puis la cocaïne. La cupidité et l'organisation de traficants clandestins favorisèrent depuis la fin du XIXe siècle de véritables vagues d'assaut sous forme d'épidémies de morphinomanie d'abord, puis de cocaïnomanie, d'éthéromanie, enfin d'héroïnomanie, dont durent se préoccuper les pouvoirs publics comme de véritables fléaux sociaux. Le problème des toxicomanies devint alors un *problème social*. La lutte dut être entreprise à l'échelon national d'abord à l'aide de décrets et de réglementations, et sur le plan international par des organismes dont l'action est étudiée à la fin de cet ouvrage.

Cette vigilance est d'autant plus nécessaire que d'une part ceux qu'on a appelés « les gangsters de la drogue » n'ont pas désarmé, et que d'autre part l'industrie chimique continue à produire en grande série des hypnotiques nombreux qui favorisent de véritables *narcomanies* ; elle a réalisé des *stupéfiants synthétiques* créant pour ceux qui en usent le même asservissement et leur faisant courir les mêmes dangers que les anciennes toxicomanies opiacées.

Mais, à côté de ces toxicomanies qui ne frappent pas le commun des mortels et restent, pourrait-on dire, des intrusions accidentelles dans la vie de certains sujets, il faut faire une place à des produits qui sont des familiers de notre vie journalière, mais dont l'usage quotidien peut créer une habitude un peu tyrannique et dont l'abus crée vite une servitude toxicomaniaque susceptible parfois de répercussions psychiques et somatiques plus ou moins sérieuses. Ce sont les *boissons alcooliques*, *le tabac*, *le café* et *le thé*, inoffensifs cependant à des doses modérées chez la plupart des sujets. Leur étude n'est pas indifférente cependant ; l'alcoolisme en particulier, véritable fléau social en quelques pays, peut devenir chez certains individus une cause de profonde dégradation morale et physique, sans parler de ses graves répercussions sociales.

Dans ce travail, nous consacrerons une Première Partie à des considérations générales sur les toxicomanies. Puis dans une Seconde Partie nous étudierons chacune d'elles individuellement. Enfin, dans une Troisième Partie, nous aborderons le problème de la protection sociale contre les toxicomanies.

PREMIÈRE PARTIE

GÉNÉRALITÉS SUR LES TOXICOMANIES

I. — Définitions

Nous avons proposé une définition de la *toxicomanie* qui semble avoir été acceptée par d'autres auteurs : appétence anormale et prolongée manifestée par certains sujets pour des substances toxiques ou des drogues dont ils ont connu accidentellement ou recherché volontairement l'effet analgésique, euphoristique ou dynamique, appétence qui devient rapidement une habitude tyrannique et qui entraîne presque inévitablement l'augmentation progressive des doses.

Ces substances sont toxiques du fait d'une grande nocivité propre et en quelque sorte spécifique que certains auteurs appellent le *pouvoir toxicomanogène* (alcaloïdes de l'opium) ou d'un usage trop intensif ou prolongé (alcool), provoquant dans l'organisme des réactions d'adaptation qui se traduisent par une *tolérance paradoxale*, par un *état de besoin* impérieux et par des accidents plus ou moins impressionnants en cas de *sevrage brusque.* Certaines toxicomanies peuvent entraîner des dégradations organiques, quelques-unes aboutissant, à plus ou moins long terme, à la déchéance physique et mentale du sujet.

Cette définition, d'ordre clinique, est essentiellement basée sur l'observation des faits.

Déjà la Commission des Stupéfiants de la S.D.N. avait tenté en vain, en 1931, de donner une définition officielle univoque de la toxicomanie. L'*Organisation mondiale de la Santé* (O.M.S.) dépendant de l'O.N.U., l'a essayé à nouveau, notamment en 1957 et 1965.

Ces conclusions ont été reprises en 1979 en France par le ministère de la Santé qui a publié une liste, établie par le Haut Comité de défense et d'expansion de la langue française, des termes et expressions recommandés (ou déconseillés) en ce qui concerne les toxicomanies.

Sont à proscrire, parce que vieillis ou ambigus, les termes d' « *accoutumance* », d' « *assuétude* » et de « *cure de sevrage* ».

Le terme « *état de manque* » est à remplacer par « *état de privation* » ou « *syndrome de sevrage* ».

Les autres termes sont ainsi définis :

Dépendance. — Sujétion à la prise d'une drogue dont la suppression engendre un malaise psychique et/ou des troubles physiques. Désir d'absorber périodiquement ou continuellement une substance pour en retirer du plaisir ou dissiper une sensation de malaise (en anglais : *drug dependence*).

Dépendance physique. — Etat adaptatif ayant comme conséquence l'apparition de troubles physiques intenses lorsque l'administration de la drogue est suspendue ou après neutralisation de son action par un antagoniste spécifique. Ces troubles constituent un syndrome de sevrage (en anglais : *physical dependence*).

Dépendance psychique. — Etat caractérisé par le désir invincible de renouveler la prise d'une drogue sans que s'ensuive nécessairement une tendance à augmenter les doses ou sans qu'apparaisse un syndrome de sevrage en cas de cessation de la prise (en anglais : *psychic dependence*).

Drogue. — Substance naturelle ou synthétique capable d'engendrer une dépendance ; s'emploie généralement en pharmacologie pour désigner tout produit dont l'administration à l'animal d'expérience provoque une réponse de celui-ci.

Synonyme à déconseiller de médicament. On peut dire aussi drogue simple (en anglais : *drug*).

Pharmacodépendance. — Dépendance à une substance utilisée initialement pour son pouvoir thérapeutique.

Sevrage. — Suppression du ou des produits auxquels le toxicomane est habitué. Etat du sujet sevré.

Stupéfiant. — Au sens étymologique, se dit d'une substance dont l'administration engendre un état de dépression psychique et/ou physiologique. S'emploie aussi comme synonyme à déconseiller de drogue. Au sens légal, drogue naturelle ou synthétique soumise à une réglementation restrictive touchant sa production, son commerce et son utilisation. En France, produit soumis à la réglementation du tableau B des substances vénéneuses (en anglais : *dangerous drug* ; en américain : *narcotic*).

Tolérance. — Propriété que possède l'organisme de supporter, sans manifester de réaction, l'administration de doses habituellement actives d'une substance déterminée. En matière d'abus de drogue, cette tolérance peut conduire à une augmentation des doses initiales afin de retrouver l'effet recherché (en anglais : *tolerance*).

Toxicomanie. — Appétence ou avidité à consommer des substances donnant lieu à dépendance (en anglais : *addiction, habit, habituation*).

II. — Délimitation et classification des toxicomanies

Une confusion apparaît souvent dans l'esprit du public sur le mot « drogue » ; et le terme anglais *drug* tend à accentuer l'ambiguïté. Elle provient du fait que l'on désigne ainsi à la fois la matière première des médicaments officinaux et les substances pouvant avoir des propriétés médicales, mais dont l'usage abusif conduit à un état de dépendance constituant la toxicomanie. Or, même si certains médicaments de prescription courante tels que des sédatifs ou hypnotiques peuvent être utilisés par des toxicomanes dans des combinaisons diverses, notamment avec de l'alcool pour rechercher des effets proches de ceux provoqués par les stupéfiants, les patients prenant des médicaments sur prescription médicale pour des besoins justifiés médicalement ne doivent pas se considérer comme des « drogués » en puissance au sens de toxicomanes même si leur traitement nécessite des prises prolongées. La confusion sur les termes risque de conduire à des inquiétudes immotivées ou à des arrêts thérapeutiques prématurés et injustifiés. Gardons au médicament sa fonction, qui est de soigner des maladies ou de rétablir des fonctions défaillantes et laissons-lui son nom français sans emprunter à la langue anglo-saxonne un mot dont l'avantage est pour le moins discutable (F. Mignon).

On distingue aujourd'hui les drogues « dures » (opiacés, cocaïne, etc.) des drogues « douces » (cannabis, L.S.D., etc.). Cette distinction, très artificielle, ne tient pas compte du fait que les drogues dites « douces » sont très souvent la porte d'accès aux drogues « dures » et que la fréquence des polytoxicomanies ne permet pas de les séparer aussi schématiquement.

On qualifie trop volontiers de toxicomanies mineures (par opposition aux toxicomanies majeures énumérées ci-dessus) un certain nombre de petites servitudes familières vis-à-vis de quelques substances inoffensives dans leur usage habituel et modéré (alcool, tabac, thé, café) mais susceptibles, par leur abus ou dans certaines circonstances, de créer un danger individuel et parfois social. Aujourd'hui, on voudrait reléguer ces dernières dans le cadre des simples habitudes qu'on oppose à celui des toxicomanies, dont elles ne posséderaient pas l'état de besoin aussi impérieux ni les accidents graves du sevrage. Nous pensons, pour notre part — et nous en reparlerons plus loin — que cette distinction est trop radicale, car, pour minime qu'elle soit, il y a toujours une petite emprise psychophysiologique, avec une tolérance, un état de besoin et un état de malaise, au moins passagers, quand on en cesse brusquement l'usage. Tout en réduisant la place qui doit leur être attribuée, nous pensons qu'elles méritent d'être mentionnées à la suite des grandes toxicomanies.

On a proposé bien des classifications des toxicomanies, la plupart basées sur les effets physiologiques de la drogue utilisée. L'une des plus classiques, celle de Lewin, distingue :

a) les poisons sédatifs de l'esprit *(euphorica)* : opium et ses alcaloïdes, cocaïne ;

b) les poisons enivrants *(inebriantia)* : alcool, éther ;

c) les poisons d'illusion des sens *(phantastica)* : haschich, mescaline ;

d) les poisons excitants *(excitantia)* : caféine, tabac.

Cette différenciation par les effets physiologiques n'est pas aussi rigoureuse qu'elle pourrait le paraître à première vue, et certains produits sont tour à tour, suivant les phases de leur action, excitants et inébriants, puis stupéfiants (alcool, haschich, etc.).

Nous pensons, pour notre part, qu'il convient surtout de se placer sur le terrain pratique, celui de la *gravité*. Nous nous contenterons d'énumérer les drogues, les unes après les autres, en indiquant pour chacune d'elles son coefficient de gravité et de tyrannie. Les *poly-intoxications* se rencontrent fréquemment. Le sujet, devant des difficultés d'approvisionnement, prend ce qu'il trouve. Cette chasse aux multiples toxiques comporte un pronostic assez sombre quant à la précocité des échéances morbides.

Tout, pourrait-on dire, peut faire l'objet d'une toxicomanie : inhalation d'essence ou de colle d'avion, absorption de quantités considérables de noix muscade ou de datura. En Angleterre, on absorbe du « velours bleu », mélange d'élixir parégorique et d'un antihistaminique, le pyribenzamine, et aux Etats-Unis le « cœur pourpre », mélange de barbituriques et de benzédrine, a les faveurs de certains toxicomanes. En France, il fallut inscrire en 1974 au tableau B des hypnogènes dits « de sécurité » comme le méthaqualone et le méclo-qualone utilisés par certains pour leurs effets hallucinogènes du type L.S.D.

Siegel, en 1976 a pu énumérer 25 plantes courantes pouvant être utilisées dans un but toxicomaniaque en cigarettes, en infusion ou en capsules.

Les stupéfiants obligatoiremement soumis aux dispositions des conventions internationales étaient au nombre de 7 en 1925, de 14 en 1931, de 60 en 1948 et atteignaient la centaine en 1971.

III. — Données chiffrées

L'extension massive des toxicomanies est un phénomène qui ne date guère de plus de quinze ans. Quelques chiffres montreront son importance.

Il est évidemment impossible d'avoir une idée exacte du *nombre* des toxicomanes en France. Il faudrait d'abord préciser avec rigueur quels sont ceux qui méritent cette étiquette, l'adolescent qui fume du haschich au cours d'une réunion pouvant difficilement être assimilé à celui qui se « *shoot* » à l'héroïne par voie veineuse aussi souvent qu'il le peut.

L'Office central pour la répression du trafic illicite des stupéfiants publie chaque année, en France, un certain nombre de chiffres. Son dernier rapport, paru en janvier 1981, souligne que le nombre d'infractions à la législation sur les stupéfiants a connu, en 1981, sa plus forte progression depuis 17 ans.

Le nombre des *arrestations* (qui ne représente qu'une partie des toxicomanes) a été de :

1965	165
1970	1 861
1975	3 503
1977	4 755
1981	13 019

Parmi les personnes arrêtées en 1981, on relève :

285	trafiquants internationaux
546	trafiquants locaux
3 054	usagers revendeurs
9 965	usagers simples

tous chiffres en augmentation par rapport à 1980.

Dans ces deux dernières catégories, on compte 84 % d'hommes

70 %	avaient moins de 25 ans
90 –	avaient moins de 30 ans

La même source indique la fréquence relative des *différentes drogues* utilisées en 1981 par ces 13 019 toxicomanes connus (30 % de plus qu'en 1980)

Cannabis	6 130,	soit 47 %
Héroïne	4 736,	soit 36 –
Cocaïne	444,	soit 4 –

Le 13 % restant se répartit entre la morphine, l'opium, le L.S.D. et les autres drogues.

Les *professions* de ces drogués étaient les suivantes :

Sans profession	631	(36 %)
Sans emploi	350	(20 –)
Employés	389	(22 –)
Ouvriers	151	(9 –)
Etudiants	76	
Commerçants	59	
Artistes	36	
Lycéens	25	
Ecoliers	3	
Divers	17	

Il est évident que, contrairement à l'opinion classique, la drogue touche aujourd'hui tous les milieux, que les artistes et les étudiants ne représentent ensemble que 6 % des sujets appréhendés, contre 56 % de toxicomanes sans profession ou en chômage. Laquelle, de l'inaction ou de la toxicomanie est responsable de l'autre ? Ceci est une autre histoire.

Quand on sait, enfin, que selon l'O.N.U. (Dr Ling, 1979) le marché de la drogue représente chaque année 12 milliards de dollars, on comprend qu'il y ait là de quoi intéresser nombre de trafiquants.

IV. — L'habitude, la tolérance l'état de besoin, la privation

Pour bien comprendre la tyrannie de ces toxicomanies, il faut savoir que la plupart des drogues en cause commencent par créer passagèrement un état de bien-être physique, une sensation d'euphorie, une quiétude ou une exaltation psychique avidement recherchés par les sujets qui s'y adonnent.

La rançon de cette satisfaction se paye par trois phénomènes successifs : la *tolérance*, l'*état de besoin* et les *accidents de privation*.

La *tolérance* n'appartient pas en propre à la toxicomanie ; c'est un phénomène de biologie générale ; c'est la réponse d'un organisme vivant à toute agression exogène tendant à détruire son équilibre physiologique ; dans l'évolution des espèces animales ou végétales, elle est sans doute une étape de l'adaptation et de la survivance.

Mais dans le cas particulier de la toxicomanie, l'agression toxique, si elle est parfois accidentelle, est le plus souvent voulue, recherchée pour ses effets euphoristiques, et la *tolérance* au toxique recule le seuil de ses effets et nécessite une augmentation croissante des doses pour y parvenir ; l'organisme peut alors supporter des quantités qui, pour l'opium par exemple, atteignent deux cents ou trois cents fois la dose qui tuerait un homme sain.

L'accoutumance, phénomène qui peut apparaître isolé en biologie, est suivie, dans le cas particulier de la toxicomanie, de l'*état de besoin* : faim tyrannique du produit dont l'accoutumance est réalisée, proportionnelle au degré de cette accoutumance et comme elle progressive.

La manifestation clinique de l'état de besoin affecte essentiellement le psychisme et le comportement du toxicomane et nous l'évoquerons dans « la vie du toxicomane ».

Le déclenchement de la crise qu'est l'état de besoin a sûrement une base physiologique ; « l'habitude toxique est devenue un élément presque indispensable du métabolisme vital », disaient Dupré et Logre, et ces auteurs ajoutaient : « Dans une sorte d'engrenage psychophysiologique, le poison, après avoir attiré par le plaisir, retient par la douleur ; le piège s'est refermé sur sa victime. »

Mais la participation physiologique ne saurait réduire la part incontestable de l'élément psychique : « Les états de besoin, écrivait H. Claude en 1937, sont fonction de l'accoutumance au toxique, de la satisfaction affective qu'il procure et de la déficience volitionnelle dont font preuve les déséquilibrés toxicomanes et qui les rend plus aptes à souffrir de leur insatisfaction.

Manifestation physiologique et psychologique, l'état de besoin n'est en fait qu'une étape dans le développement de la toxicomanie et représente le « signal d'alarme » précurseur des *accidents de privation, de sevrage.*

Le sevrage brutal du toxicomane nous fait assister à une crise plus ou moins grave selon la nature du toxique et nous ne pouvons mieux l'illustrer ici qu'en rappelant le collapsus circulatoire du morphinomane en état de manque, véritable épuisement organique, et le *delirium tremens* de l'alcoolique brusquement privé de boisson.

V. — Comment on devient toxicomane

« On entre dans la toxicomanie, disait Ball, par la porte de la douleur, par celle de la volupté et par celle du chagrin. » Cette formule déjà ancienne résume assez bien les principales causes de toxicomanies. Nous les grouperons sous quatre chefs :

1. **Toxicomanies justifiées.** — Ce sont tous les cas où une affection grave, particulièrement douloureuse, nécessite l'emploi continu d'un analgésique avec augmentation progressive des doses du fait d'une accoutumance inévitable (cancéreux, certaines névralgies faciales, quelques grands asthmatiques, etc.). A tous ces malheureux, on ne peut refuser le secours des analgésiques, malgré les inconvénients qu'ils comportent.

2. **Toxicomanies par persévération.** — Là encore, l'usage d'un analgésique ou d'un hypnotique a pu être parfaitement justifié à un moment donné (crises néphrétiques ou hépatiques, angine de poitrine, insomnies secondaires à un état pathologique) ; l'injection calmante, à l'occasion de la crise douloureuse, a laissé dans la mémoire du sujet la trace de son passage bienfaisant et, par pusillanimité, faiblesse morale, dans la hantise d'un retour offensif de la douleur, il cherche à se couvrir par avance contre la réapparition des symptômes douloureux ; au bout d'un certain nombre de jours, il devient très difficile de faire, dans les doléances du malade, la part qui revient à un vestige douloureux réel et

à l'état anxieux que commence à développer l'amorce d'une toxicomanie.

3. Toxicomanies primitives par perversion. — Dans un certain nombre de cas, le sujet se drogue, soit pour oublier un chagrin, soit pour se doper, soit pour rechercher des sensations nouvelles, etc.

Dans l'ordre moral, ce sont, à côté des chagrins, des deuils, des épreuves insurmontables, la morne tristesse des déprimés, l'angoisse des mélancoliques ou des scrupuleux, la suggestibilité des faibles, le trac des timides et des émotifs, qui, ayant connu l'apaisement salutaire d'une injection ou l'invigoration heureuse d'un tonique, l'associeront désormais à toutes les épreuves de leur situation ou de leur fonction.

Trop souvent, la toxicomanie peut être dite d'origine passionnelle. Une curiosité malsaine de sensations anormales, un érotisme en quête d'aphrodisiaques, une imagination déréglée, un snobisme mal placé sont souvent à l'origine du premier contact avec la drogue.

Mais, bien souvent, il ne s'agit que d'un phénomène de contamination où le respect humain joue un grand rôle. Quel lycéen pourrait résister à la pression du groupe qui veut lui faire fumer un « joint » ?

Le rôle de contestation de la société, du refus du monde tel qu'il est organisé explique également de nombreuses entrées en toxicomanie.

Il faut enfin souligner, avec de nombreux auteurs, que les drogués sont issus, pour leur grande majorité, de familles désunies ou laxistes.

On ne soulignera jamais assez le prosélytisme qui règne dans les milieux de toxicomanes. Ils se recherchent entre eux ou essaient de faire des adeptes. Ils ont un flair spécial pour se dépister, se rapprocher, se recruter. C'est ce qui explique qu'il y ait tant de ménages de toxicomanes (14,5 % dans une statistique de Vaille et Stern). Il fut une époque où ces intoxiqués avaient leurs clubs (« Club des haschichins » au temps de Th. Gautier). Rodet cite un homme de lettres, connu comme chef d'école, morphinomane, cherchant à morphiniser ses élèves pour assister à leur déchéance. Th. Leary, « grand-prêtre » du L.S.D. 25, en est un exemple plus récent. La perversion prend l'aspect du sadisme.

On a souvent débattu des rapports de la toxicomanie et du talent, voire du génie qu'elle créerait ou du moins qu'elle libérerait. En fait Richard P. Marsh écrivait que l'expérience de la drogue est comme toute expérience : sa signification se trouve d'abord dans la personne, non dans la substance, qui ne fait que libérer. Ce à quoi mène cette libération, confusion ou perspicacité extatique, dépend du sujet et des circonstances. Il rejoint ainsi Thomas de Quincey qui reconnaissait en 1828 que si un homme qui ne parle que de vaches devient opiomane, il ne rêvera que de vaches. Pour Baudelaire la drogue ne révèle à l'individu rien que l'individu lui-même. Henri Michaux, si souvent évoqué par les toxicomanes (certains le renient pour avoir toujours gardé le contrôle de ce qui se passait en lui), est encore plus net : « Les drogues nous ennuient avec leur paradis. Qu'elles nous donnent plutôt un peu de savoir. »

Dans les « années folles » d'entre les deux guerres, les toxicomanies restèrent l'apanage d'une minorité d'intellectuels, d'artistes, d'oisifs, et le phénomène se limitait de lui-même. L'abaissement des barrières sociales, la facilité des déplacements a entraîné une « démocratisation » de l'usage de la drogue qui atteint aujourd'hui tous les milieux, toutes les couches sociales et plus spécialement les jeunes.

Il y a des sujets pour lesquels la prédisposition est presque tout et l'occasion presque rien. Les toxicomanes seraient, pour certains auteurs, des psychopathes. Mais il convient de remarquer que ces statistiques portent sur des sujets déjà très avancés dans la toxicomanie qui n'a pu qu'aggraver de petits troubles de la personnalité, lesquels seraient sans doute restés secrets et latents sans leur rencontre avec les toxiques. Il n'y a pas de formule mentale spéciale appelant la toxicomanie.

Une situation conflictuelle affective, un conflit intérieur durable que certains sujets ne parviennent pas à résoudre entraînent ces insatisfaits dans l'ivresse toxique ou dans le sommeil qui annulent temporairement ce conflit.

4. **La toxicomanie contestataire.** — Très souvent, aujourd'hui, la drogue n'est qu'un moyen de contestation, le plus passif de tous. Pour certains adolescents mal structurés elle est, au même titre que les échecs professionnels, scolaires ou sociaux, que certaines conduites asociales, un véritable suicide inconscient, visant d'ailleurs plus le personnage social que la personne même du sujet qui se drogue.

Olievenstein a justement fait remarquer que cet aspect contestataire de la toxicomanie est plus certain aux Etats-Unis, par exemple, qu'en France où elle représente une déviance psychopathique. Il révèle, chez les toxicomanes, beaucoup moins de structures perverses que de structures psychotiques ou prépsychotiques, sans négliger une prédisposition structurelle et le rôle des phénomènes d'hystérie collective.

Tout le problème de la pathologie engendré par

les drogues consiste à savoir si la vie en communauté des toxicomanes, communautés de déviants par excellence, les a préservés un certain temps de l'entrée dans l'univers psychiatrique, ou si, au contraire, la drogue a entraîné une décompensation qui, sans elle, n'aurait jamais existé.

Deux types de réactions délirantes sont courants : d'une part un délire de persécution de tonalité oniroïde, d'autre part un épisode « fécond » de dépersonnalisation avec transformation corporelle et hallucinations multiples.

D'un point de vue pratique, on a tendance aujourd'hui à répartir les utilisateurs de drogue en quatre grands groupes :

1. Psychotiques, prépsychotiques et parapsychotiques ;
2. Psychopathie, déséquilibre psychique, névrose de caractère ;
3. Retards de maturation ;
4. Phénomène de mode. Pression du groupe du moment.

Enfin, il semble que l'on puisse parler, en certains cas, de *sensibilisation héréditaire*. Le fait n'est pas douteux pour l'alcoolisme dans certaines familles, où des tendances dipsomaniaques se transmettent par hérédité, la susceptibilité réactionnelle vis-à-vis du poison devenant plus grande chez les descendants (Frère, Legrain). Mais la contagion familiale joue certainement un rôle important.

Y a-t-il un rapport entre le choix du toxique et la constitution du sujet ? La drogue est le plus souvent celle que procurent le milieu et les circonstances. Par contre, sur le plan ethnique, il n'est pas douteux que chaque peuple ou groupe de peuples va, comme l'ont fait remarquer Polisch, J. Bouquet, vers les moyens d'ivresse correspondant à sa mentalité et au tempérament que commande sa biologie. Au Chinois, l'opium qui favorise les tendances à l'isolement contemplatif ; à l'Oriental, le haschich qui procure rêves et visions à son imagination, et à l'Occidental l'alcool et les toniques synthétiques, plus en rapport avec ses tendances dynamiques et son besoin d'activité sociale.

VI. — Les troubles psychiques des toxicomanes

C'est à tort qu'on a cru que l'habitude de certaines drogues procurait un enrichissement des facultés intellectuelles, une exaltation de l'imagination et du pouvoir de création ; pour quelques brillants sujets, esthètes ou poètes, de sensibilité exquise ou d'imagination brillante qui nous ont révélé les délices de leurs sensations ou transcrit leurs visions extraordinaires, le gros des toxicomanes obéit à des instincts plus misérables et plus frustes, et leur dégradation morale est loin d'être compensée par l'affinement de leur intelligence. Les sujets ne trouvent, dans les prétendues envolées de l'opium ou du haschich ou dans la griserie de la cocaïne et de l'alcool, que ce que les ressources de leurs facultés leur permettent d'y apporter, et pour un temps seulement avant de tomber assez vite dans une stérilité d'esprit improductive.

Bien loin de trouver dans son poison le redressement de son déséquilibre ou l'apaisement de ses souffrances, le toxicomane ne connaît — et pour un temps très éphémère — que l'illusion de la paix, du calme ou de la force.

Avec Deniker et ses collaborateurs (1973) on peut parler d'un *syndrome déficitaire* des toxicomanies actuelles. Il associe un *déficit de l'activité*, plus prononcé avec les opiacés, le sujet ne faisant plus d'effort que pour se procurer la drogue et justifiant son inertie par des rationalisations pseudo-philosophiques et antisociales ; un *déficit du fonctionnement intellectuel* avec idéation lente et références à de vagues et fumeuses conceptions mystiques orientales et troubles de la mémoire immédiate, atteignant à la limite un état d'hébétude ; un *déficit de l'humeur et de l'affectivité*, favorisant la désinsertion familiale, puis sociale, au profit de groupes marginaux peu et mal structurés où chacun reste isolé et où seule la drogue est investie affectivement ; ce déficit n'est pas sans rappeler l'athymhormie des hébéphrènes et favorise l'apparition d'états dépressifs, notamment lors du sevrage, ce qui pousse à la reprise de la toxicomanie.

Les *polytoxicomanies* sont fréquentes et sont fonction des modes, de la curiosité ou des difficultés d'approvisionnement, ce qui rend difficile l'appréciation des effets propres à chaque toxicomanie. Avec les opiacés le syndrome déficitaire est rapide et constant ; avec les barbituriques également et le secobarbital entraîne des troubles mnésiques durables. Les hallucinogènes donneront plus volontiers des syndromes psychotiques délirants prolongés évoluant parfois vers un tableau schizophrénique. Le cannabisme chronique crée ce qu'on a appelé le syndrome d'absence de motivation. Les réactions délirantes paranoïdes sont l'apanage des amphétamines. Des accès confusionnels ou confuso-oniriques, voire des comas durables, sont provoqués par des doses excessives de drogues.

Le *retentissement psychique* des toxicomanies est considérable et pose la question de la structure de la personnalité du toxicomane. La drogue est-elle seule en cause dans la genèse des perturbations ou ne fait-elle que révéler un déséquilibre antérieur plus ou moins bien compensé jusqu'alors ? La drogue serait-elle une ultime tentative pour échapper à la mutation pathologique d'un psychisme qui se dégrade ? La toxicomanie s'inscrit bien souvent dans le cadre d'une biographie psychopathique depuis l'enfance.

La réponse n'est pas simple ni le trouble univoque et, avec Deniker, nous pensons que la personnalité des véritables toxicomanes est pathologique et peut comporter des potentialités psychotiques, mais les drogues semblent jouer un rôle important dans la décompensation de ces personnalités fragiles.

Quand un incident judiciaire ou quand un épisode aigu (crise délirante ou hallucinatoire) ne vient pas brusquer les événements, la déchéance et la ruine arrivent plus ou moins vite ; le toxicomane n'est plus qu'une épave que guette un brusque collapsus cardiaque, une infection intercurrente ou une vie misérable après une longue période de privation, d'inanition, d'avitaminose et de dénutrition.

Cette échéance ne se produit que chez les grands intoxiqués. Mais bien des toxicomanes ne parcourent pas cette courbe évolutive à la même cadence ou avec la même gravité, comme nous le verrons dans l'étude particulière consacrée à chaque toxicomanie.

Aux Etats-Unis la drogue, pour certains, tendrait à devenir une véritable maladie professionnelle.

Chaque année, on estime que le montant des vols commis dans les magasins ou en certains lieux de travail s'élève à plus de deux milliards de dollars. La majorité de ces vols est commise par des drogués, jusque et y compris parmi les employés des magasins, ou les ouvriers des chantiers qui emportent des outils ou des matériaux pour les revendre en vue de s'acheter de la drogue.

Dans la ville de New York, 80 % des vols à l'étalage sont le fait de drogués.

La société « Bell Telephone » a même décidé de considérer les drogués comme des malades professionnels et de leur fournir une allocation de maladie comme aux alcooliques. Mais si les trois quarts des alcooliques retournent au travail, dans le cas des drogués l'échec est presque total.

DEUXIÈME PARTIE

ÉTUDE PARTICULIÈRE DES TOXICOMANIES

Chapitre Premier

L'OPIUM ET SES DÉRIVÉS

Le « divin opium » fut longtemps le plus important et le mieux connu des produits susceptibles d'engendrer une toxicomanie. La vogue qu'il connut en Occident après la première guerre mondiale s'était atténuée. Sa consommation, ainsi que celle de ses dérivés, notamment la morphine, avait considérablement diminué. On commençait à penser qu'il avait cédé sa place, dans le goût des toxicomanes, à d'autre produits plus récents, lorsqu'un de ses dérivés, l'héroïne, fit à partir de l'été 1969 une rentrée « fracassante » qui donna un nouvel intérêt à l'étude du problème de l'intoxication par les opiacés. On en rapprochera celle de certains stupéfiants de synthèse qui se sont multipliés ces dernières années et dont l'action et les conséquences sont assez analogues à celles des opiacés proprement dits.

I. — Historique

L'opium serait originaire des plaines de Mésopotamie et la culture du pavot n'était pas ignorée des Perses et des Egyptiens.

Par la suite, pavot et opium firent leur apparition en Asie Mineure. Tandis que certains médecins du Xe au IIe siècle avant J.-C. mettaient déjà en garde contre « les qualités dangereuses de cette drogue », Hippocrate, la prônait dans diverses affections. Marc Aurèle, dont Galien était le médecin semble bien avoir été un des premiers toxicomanes de l'opium qu'il prenait quotidiennement sous forme de « thériaque ».

Dans les siècles suivants, l'opium commença sa migration mondiale avec l'expansion musulmane. Il devait trouver son plus grand accueil aux Indes et en Chine où l'habitude de le fumer ne remonterait qu'au début du XVIIe siècle.

Rappelons la diffusion de l'opium à titre médicamenteux en Europe, du XVe siècle à nos jours : « diascordium » de Fracastor, laudanum de Sydenham, suivis, au XIXe siècle, de l'introduction de la morphine et d'autres alcaloïdes. Par ses relations avec les Indes, l'Angleterre fut un des premiers pays d'Europe à être contaminé. Au début du XIXe siècle, les pilules d'opium se débitaient en grand nombre et à boutique ouverte chez les droguistes de Londres et du Norfolk. La morphine fut découverte en 1806 par Seguin, chimiste des armées de Napoléon. L'introduction de la méthode hypodermique, son application à la morphine par Wood vers le milieu du XIXe siècle ouvrirent la porte à la morphinomanie d'origine thérapeutique, puis passionnelle, qui connut sa plus grande vogue vers la fin du XIXe siècle.

Entre-temps, des fumeries d'opium s'intallaient dans les grandes villes et dans les ports.

Dernière venue, l'héroïne, sous la poussée d'un intense trafic illicite, a recruté de nombreux adeptes.

La Turquie représenta, jusqu'en 1971, la source

principale d'opium, de morphine et d'héroïne passés en contrebande en Europe occidentale et surtout aux Etats-Unis. Selon des estimations récentes du service financier du Bureau des Narcotiques, 80 % de l'héroïne consommée de façon illégale aux Etats-Unis est d'origine turque, les trois quarts des 20 % restants provenant vraisemblablement du Mexique et un quart du Sud-Est asiatique.

La culture du pavot est la principale ressource de 200 000 paysans turcs qui en vivent, plutôt mal que bien. L'Etat turc était seul habilité à acheter la récolte mais on estimait que 25 % de la production fuyait vers le marché clandestin. En 1971, la Turquie accepta, contre dédommagement financier d'interdire la culture du pavot. De 6 à 8 t par an, entre 1969 et 1972, la production d'héroïne dans la région marseillaise (principale étape de la filière traditionnelle) tomba à 600 kg en 1973. Les trafiquants s'adaptèrent vite en exploitant les immenses ressources du « triangle d'or » (Laos, Cambodge, Thaïlande) qui produit 700 t par an dont 200 « exportées » sous forme d'héroïne brune n° 3 ou *brown-sugar*. En 1974, la Turquie décida d'autoriser à nouveau la culture du pavot, sous la réserve que seules seraient commercialisées les capsules de pavot parvenues à maturité — d'où l'opium ne peut être extrait que par un processus de raffinage complexe — et non l'opium brut.

II. — Matières premières et produits dérivés

L'opium brut est le suc épaissi, recueilli par incision de la capsule encore verte d'un pavot spécial, le *papaver somniferum album*, cultivé principalement dans les pays asiatiques. Après que le pavot, haut d'un peu plus d'un mètre, a fleuri entre juin et août et a perdu ses pétales, les paysans fendent les « têtes » d'un coup de couteau répété une, deux ou trois fois selon les coutumes locales. Le liquide laiteux qui suinte est laissé à sécher, puis il est recueilli par grattage et aggloméré en gâteaux d'opium pur.

Des 42 alcaloïdes présents dans l'opium les plus connus sont la morphine, la codéine, la thébaïne, la papavérine, la narcéine, la narcotine, etc. Quelques préparations contiennent tous les alcaloïdes de l'opium (pantopon, paveron). En outre, certaines préparations pharmaceutiques à base d'opium — spécialisées ou non — ont servi à créer ou à entretenir des toxicomanies de même nature (sédol, laudanum, élixir parégorique, etc.). Notons toutefois que, tenant compte des expériences, le Comité d'Experts de la Commission des Stupéfiants à l'O.M.S. (Rapport de 1956) a conclu que la papavérine n'était pas apte à engendrer la toxicomanie.

Pendant longtemps, la morphine fut le principal alcaloïde de l'opium utilisé en thérapeutique et représenta la principale source de toxicomanie opiacée en Occident.

Mais elle a fait place, aujourd'hui, à un de ses dérivés, la diacétylmorphine ou héroïne, dont les ravages sont considérables depuis quelques années. Elle s'infiltre partout par voie clandestine comme le montrent les innombrables saisies. D'un emploi discret, d'une manipulation facile, d'un pouvoir d'action et d'une tyrannie plus grands que ceux des autres drogues, elle capte et fixe une clientèle intéressante et lucrative pour les trafiquants.

A poids égal, son action passe pour trois fois plus active que celle de la morphine.

III. — L'opium et l'organisme

C'est surtout contre les douleurs très aiguës et très tenaces de certaines maladies (souvent chroniques ou progressives) qu'on emploie l'opium et ses dérivés. Il était de plus un merveilleux calmant des angoisses aiguës et des agitations anxieuses avant l'apparition des tranquillisants et anxiolytiques actuels.

Employé passagèrement comme secours d'urgence, il ne crée pas de danger, mais si son usage doit se prolonger au-delà de quelques jours, il développe, même chez des sujets non prédisposés, la servitude toxicomaniaque, grave de conséquences.

Sur le terrain clinique, on peut observer des intoxications aiguës par l'opium et ses alcaloïdes. Il s'agit le plus souvent d'une erreur de dose ou de préparation ou d'une ignorance manifeste des dangers réels de ces produits.

Quelle que soit la forme utilisée, le sevrage brusque donne les mêmes signes toujours impressionnants : anxiété croissante avec agitation, crises impulsives, parfois attitudes hystériformes, sueurs profuses, refroidissement des extrémités, pâleur, tachycardie, lipothymie pouvant aller jusqu'à la syncope mortelle.

Mazhar Osman Uzman rapporte le cas d'un héroïnomane qui avait dissimulé au plus profond de ses narines une certaine quantité d'héroïne enveloppée dans du papier ; celui-ci, imbibé par les sécrétions nasales, creva, libérant brutalement la poudre ; la mort s'ensuivit en quelques heures, ce qui permit à l'auteur de noter une congestion intense des centres nerveux, particulièrement au niveau des régions sous-corticales

Ces constatations ont été confirmées en 1970 par R. W. Richter, M. M. Baden et J. Pearson (New York) lors de l'autopsie d'héroïnomanes décédés brutalement (au point que souvent les victimes n'avaient pas eu le temps de retirer de leur veine l'aiguille ayant servi à l'injection). Ils ont noté la présence d'un œdème cérébral avec fragmentation étendue des astrocytes dans la substance blanche, dans 60 % des cas environ. Mais l'héroïne étant souvent mélangée à des produits de « coupage » (notamment de la quinine), on peut se demander si ces lésions ont pour origine l'héroïne elle-même. Ces auteurs ont aussi relevé de façon intermittente des signes de nécrose des ganglions de la base, des modifications ischémiques, des infarctus hypophysaires et même quatre cas de myélite transverse par nécrose étendue de la portion basse de la moelle épinière thoracique.

M. Halpern, de New York, attribue la mort subite des héroïnomanes à l'hypoxie, après constatation, chez cinq sujets décédés après une injection d'héroïne, de lésions du pallidum semblables à celles que l'on rencontre dans les cas d'empoisonnement par l'oxyde de carbone ; il précise qu'aucune des victimes n'avait manifesté de symptômes neurologiques bien que les lésions aient apparemment été constituées depuis un certain temps.

Expérimentalement chez le rat, D. J. Smith et J. M. Joffe ont démontré par ailleurs que le traitement du mâle par la méthadone ou la morphine avant l'accouplement entraînait une surmortalité néo-natale : 90-95 % de survie chez les petits de rats mâles témoins, contre 26 et 66 % lorsque le père avait reçu méthadone ou morphine, respectivement.

Les opiomanes gardent longtemps une santé

apparemment normale et une activité intellectuelle et professionnelle suffisante si le ravitaillement est assuré ; mais ces sujets restent fragiles devant les infections, et des phénomènes de dénutrition et d'avitaminose peuvent apparaître, qui entraînent rapidement la cachexie et peuvent précipiter le dénouement.

IV. — Les principaux types de toxicomanies opiacées

La toxicomanie opiacée connaît plusieurs voies d'entrée : injections sous-cutanées ou intraveineuses ont remplacé aujourd'hui les anciennes absorptions buccales, respiratoires, nasales, voire rectales dont nous ne parlerons que pour mémoire.

1. **Fumeurs d'opium.** — C'est en extrême-Orient, en Chine surtout, que cette coutume a connu sa plus grande diffusion.

L'opium brut est impropre à la pipe. L'opium officinal est, lui aussi, infumable et il doit être raffiné de façon spéciale en vue de son usage. Mais le fumeur pauvre se contente souvent du *dross*, c'est-à-dire du résidu d'opium fumé, riche encore en morphine et beaucoup plus toxique.

Il existe toute une technique, toute une littérature, aujourd'hui surranées car les consommateurs d'héroïne, de maniement beaucoup plus facile, d'action plus brutale, plus toxique et plus tyrannique, ont remplacé les traditionnels fumeurs d'opium et leur matériel folklorique : pipe, aiguille, lampe, divans profonds, bouges misérables, marins et « coloniaux », boys et congaïes, etc.

Les premières pipes, racontent les fumeurs, ne laissent que des sensations agréables.

L'adaptation se fait vite et, s'il ne dépasse pas un nombre modéré de pipes, le fumeur peut, pendant un certain temps, goûter à cette euphorie qu'ont vantée littérateurs et poètes : joie passive, béate et contemplative, volupté calme avec une exaltation spéciale de l'imagination, dans le sens des goûts, des tendances, des aptitudes et de la culture du fumeur. « La substance grise du cerveau et la substance brune font les plus beaux accords », disait J. Cocteau

Le point critique est fort variable ; il est des têtes faibles que 5 pipes font tourner, et de solides qui résistent à 40.

2. **Mangeurs et buveurs d'opium et de préparations opiacées.** — Les opiophages, très nombreux en Asie Mineure, y sont appelés *thériakis* ou *affiondjis* ; ils usent de pilules dans lesquelles l'opium est très souvent associé à d'autres substances euphorisantes ou aphrodisiaques (haschich, datura, jusquiame, etc.), ce qui donne à leur ivresse un caractère plus actif et plus hallucinatoire que dans l'absorption d'opium pur.

Thomas de Quincey, qui s'appelait lui-même le « Pape de l'opium », est l'auteur des *Confessions of an english opium eater* (1821), dans lequel on trouve la fameuse incantation lyrique :

« O, juste, subtil et puissant opium. Toi qui, au cœur du pauvre comme du riche, pour les blessures qui ne se cicatrisent jamais, et pour les angoisses qui induisent l'esprit en rébellion, apportes un baume adoucissant... »

Il est une forme de l'opiophagie qui, pour n'être pas nouvelle, n'en a pas moins connu récemment un regain d'actualité, la consommation d'*élixir parégorique*. Heuyer avait déjà cité les malades qui parvenaient, après un pèlerinage de pharmacie en pharmacie à totaliser, 50 g par 50 g, un quart ou un demi-litre d'élixir parégorique dans leur journée. Chez un seul grossiste parisien la vente était passée de près de 30 000 l en 1965 à 40 000 l en 1968.

Certains toxicomanes à court d'héroïne n'hésitent pas à s'injecter dans les veines de l'élixir parégorique soit tel quel, soit après l'avoir évaporé dans une cuiller chauffée par quelques allumettes, et repris le résidu avec un peu d'eau du robinet. Certains raffinés mélangent ce résidu à une solution (?) obtenue par traitement de comprimés à base d'amphétamine ou d'anorexigène (Vaille). D'autres y ajoutent un anti-histaminique, la pyribenzamine, pour créer le « velours bleu » ainsi nommé d'après la couleur bleuâtre du produit.

Les effets psychophysiologiques, en cas d'opiophagie, sont plus marqués, et plus rapides que ceux rencontrés chez les fumeurs. L'habitude devient bien plus tyrannique, la somnolence est plus marquée, le délire onirique est souvent plus actif.

Le retentissement physique est, lui aussi, plus apparent et la déchéance plus précoce.

A Detroit (Etats-Unis), en 1955, aucun des 1 267 toxicomanes arrêtés ne consommait d'élixir parégorique. En 1963, sur 994 personnes s'adonnant aux stupéfiants, il y avait 713 adeptes de l'élixir parégorique pour 281 intoxiqués à l'héroïne.

En France, depuis le 18 novembre 1969, un arrêté ministériel a inscrit l'élixir parégorique au tableau C et il ne peut plus être délivré que sur ordonnance.

3. **Morphinomanes.** — La morphinomanie a réalisé pendant longtemps l'expression la plus complète de la servitude toxicomaniaque en général.

Les premiers cas d'accoutumance semblent bien

avoir été observés en Allemagne vers 1875, et c'est surtout à la fin du XIXe siècle que ses ravages furent les plus marqués. C'est à cette époque que, en l'absence d'une réglementation sérieuse, on vit la coutume se propager dans tous les milieux. De tout temps d'ailleurs, les médecins, les pharmaciens, les dentistes et leurs auxiliaires ont figuré en bonne place dans les statistiques des morphinomanes.

Mais il y eut, surtout à la fin du XIXe et tout au début du XXe siècle, une véritable morphinomanie « mondaine » avec ses salons et ses « clubs », son matériel de luxe, sa littérature qui servit de thème à des romans, si bien qu'on a pu parler d'une contagion par le livre.

Le morphinomane se pique un peu partout, mais surtout à la face externe des cuisses, aux avant-bras, à la paroi abdominale et le déshabillage apporte une rapide confirmation des habitudes chez un sujet suspect.

Les ruses et les stratagèmes employés sont innombrables ; les fausses ordonnances étaient de pratique courante, mais l'instauration du carnet de toxiques a réduit de façon massive les possibilités de se procurer de la morphine.

Quant aux doses quotidiennes, les statistiques montrent que 30 % des morphinomanes restent au-dessous de 0,50 g par jour : ce sont les petits morphinomanes ; les moyens (60 %) vont de 0,50 g à 1,50 g ; 10 % dépassent cette dose (grands morphinomanes).

Nous possédons sur les premiers effets de la morphine, sur ce que l'on a appelé la période d'initiation, la « lune de miel », quelques auto-observations médicales qui réduisent les sensations à leur juste mesure.

« ... Dès lors commençait une période de joie cérébrale : le jeu des forces intellectuelles semble plus aisé, plus vif, on se croit plus intelligent. Pure illusion, du reste. Cet éréthisme intellectuel s'accompagne d'un calme physique qui contraste avec lui ; la griserie morphinique est purement intérieure, le morphiné souhaite le silence et se complaît, pour mieux savourer son bien-être éphémère, dans le calme et l'immobilité » (Jacquet).

Cette euphorie morphinique n'est pas niable ; par la suite, c'est l'angoisse, l'appel tyrannique de la drogue qui sont calmés par elle ; elle survit jusqu'au bout, mais sous une forme négative et de plus en plus rétrécie ; elle n'est plus que « la trêve du besoin ». Le morphinomane garde encore assez longtemps sa lucidité intellectuelle et un jugement suffisant. Quand il y a ralentissement intellectuel, il est bien rare qu'il aboutisse à une véritable formule de démence.

4. **Codéinomanes.** — La codéine, préparée le plus souvent à partir de la morphine, est un médicament couramment employé dans la thérapeutique des affections des voies respiratoires. Généralement employée en poudre ou en sirop, elle peut être utilisée en solution injectable. Aussi a-t-on pu signaler quelques cas de codéinomanie, toxicomanie moins violente que celle de la morphine ou de l'héroïne, mais néanmoins très tyrannique.

5. **Héroïnomanes.** — C'est à l'héroïne ou diacétyl-morphine, introduite en thérapeutique en 1898 et employée sous forme de chlorhydrate, sel le plus soluble, que revient aujourd'hui la première place parmi les intoxications par les opiacés.

L'héroïne, moins hypnotique et cinq fois plus toxique que la morphine, a une action beaucoup plus brutale, qui, même, s'oppose à celle de la morphine et de l'opium, si l'on en croit ceux qui ont parcouru la gamme ascendante des opiacés. A la légèreté d'esprit engendrée par l'opium fait place une irritabilité pénible pour le sujet comme pour l'entourage. Toxique brutal, l'héroïne abrutit et avilit plus rapidement qu'aucun autre dérivé de l'opium. Son emprise est plus terrible ; ceux qui y ont mordu n'ont jamais pu revenir à l'opium. Les heures de répit sont écourtées ; c'est toutes les 2 ou 3 heures qu'il faut renouveler la piqûre ou la prise, alors que l'opium étend son action sur une période de 8 à 12 heures.

Le seuil toxique est assez bas ; on donne comme dangereuse une dose de 2 cg d'emblée chez un sujet vierge et la thérapeutique ne l'utilise que par 2 ou 4 mg.

Les effets psychophysiologiques de l'héroïne sont ceux de la morphine, mais plus brutaux, avec une note d'impulsivité particulière au moment du sevrage et une angoisse respiratoire plus violente.

Elle peut donner des accidents de type bulbaire extrêmement graves : accidents respiratoires, cyanose, suffocations. Elle aurait une action convulsivante. L'état de besoin se caractérise par une angoisse respiratoire particulièrement intense.

C'est à l'héroïne injectée par voie veineuse que l'on doit le plus souvent la mort par surdosage (« overdose ») chez des drogués qui n'ont pas toujours mesuré les risques qu'ils prennent ou qui, parfois, s'y résignent sous la pression du besoin d'accroître sans cesse les doses pour un même résultat. Il est d'ailleurs, dans certains cas, difficile de dire si la mort est due à une « overdose », à un suicide camouflé... ou à un suicide par « overdose » volontaire.

Par ailleurs, la poudre d'héroïne se prisait aisément et, pour les Occidentaux, ce fut une révélation nouvelle ; la cocaïne fut rapidement détrônée et le morphinomane, assujetti à la seringue, toujours en quête d'une ordonnance, y trouva des commodités et une simplification heureuse pour la satisfaction de ses besoins ; le marché clandestin de l'héroïne, toujours bien achalandé, lui fournit une marchandise qu'il pouvait, à sa volonté, priser ou faire dissoudre lui-même.

La drogue transportée par des navigateurs complices est répartie par des grossistes à des demi-grossistes de quartiers qui ont, chacun, leurs revendeurs de rues ; on donne pendant cinq à six jours l'héroïne gratuitement à de jeunes sujets, pour créer l'état de besoin. A ce moment, ils doivent l'acheter et ils deviennent des revendeurs nouveaux qui prélèvent leur dîme. A chaque étage, les prix montent ; en même temps, à la suite de prélèvements successifs, sa valeur intrinsèque diminue et la sophistication arrive à atteindre 50 %. On l'allonge avec du lactose, du sucre, de l'aspirine pilée, de la farine de pois chiche, de la quinine, du mannitol, du bicarbonate, etc. La drogue ainsi « étoffée », suivant l'expression des amateurs, finit par perdre une partie de sa nocivité.

La plupart des sujets utilisent aujourd'hui la voie veineuse et pour ces toxicomanes, les *junkies*, tout le vécu est organisé autour de la répétition de cet acte. Ainsi que le signale H. Loo dans sa thèse, ils recherchent le « flash », c'est-à-dire une sensation brutale et éphémère, physique et psychique, au moment de l'injection : « chaleur qui monte du corps à la tête », « bonheur immense », « transformation subjective et explosive de soi », « véritable orgasme physique et psychique ». Chez certains il s'accompagne parfois d'éjaculation sans érection. C'est l'héroïne qui donnerait le « flash » le plus intense ; celui de l'opium et de la morphine s'accompagnerait de picotements. Cette sensation si appréciée peut être provoquée ou potentialisée par la méthode dite de la « tirette » par laquelle du sang est d'abord aspiré dans la seringue puis, le mélange effectué, est réinjecté rapidement.

Cette dernière manœuvre permet parfois de provoquer le « double flash » ou « speed-ball », sensation plus forte encore ou répétée, plus souvent obtenue par l'injection d'un mélange d'opiacés, de cocaïne ou d'amphétamine, l'association corydrane + élixir parégorique administrée par voie veineuse n'étant que le « speed-ball » du pauvre !...

Divers auteurs ont essayé d'établir une liste de signes permettant de dépister les utilisateurs d'héroïne. Encore que le groupement de certains d'entre eux puisse permettre d'établir de sérieuses présomptions, aucun ne saurait toutefois être considéré comme spécifique. N. H. Rathod (Bombay), R. de Alarcon (Madrid) et J. G. Thompson (Oxon) ont mis au point une liste de signes établie en interrogeant à la fois des intoxiqués et leurs parents. Elle comprend une quarantaine d'éléments concernant le comportement après la prise de la drogue, les modifications ressenties lorsque l'effet de la drogue s'atténue et les changements du mode de vie.

Un des signes les plus sûrs est la modification des veines utilisées pour l'injection du produit : indurées et rosées au début, elles deviennent par la suite violettes puis brunâtres.

Le gouvernement américain a fait mettre au point un test immunologique des urines (F.R.A.T.) permettant d'y détecter la morphine (métabolite normal de l'héroïne). Malgré la possibilité de faux résultats positifs (prise de codéine, de chlorpromazine) ce test a une valeur réelle pour M. S. Peck, mais il coûte assez cher.

Le cycle de déchéance est le même que celui de la morphine et parcourt les mêmes étapes, mais à une allure plus rapide. Les cas de mort brutale ne sont pas rares, le plus souvent lors d'une injection intraveineuse.

L'héroïnomanie est une cause de néphropathie de pronostic sévère (un sujet sur cinq), de septicémies et d'endocardites, d'infections interdiscales particulièrement douloureuses, de syndromes aménorrhée-galactorrhée par blocage hypothalamo-hypophyso-ovarien.

Pelosi et coll. analysent en 1975 142 grossesses survenant chez des femmes héroïnomanes : 118 ont donné naissance à un enfant viable, 20 ont avorté et 4 ont eu une grossesse extra-utérine. Les risques obstétricaux sont nettement accrus : 13 % de toxémies, 4 % d'hématomes rétro-placentaires, 9 % de présentations défectueuses, 21 % de rupture prématurée des membranes. Dans 25 % des cas il y avait hypertrophie fœtale. Les nouveaux-nés peuvent présenter trois à douze jours après la naissance un syndrome de sevrage : régurgitations brunâtres, agitation extrême, cris, convulsions, troubles digestifs ou respiratoires aigus, etc.

Selon M. Baden, l'héroïne se plaçait en 1969 au premier rang des causes de décès parmi les jeunes de moins de 20 ans dans la ville de New York ; elle avait tué 248 adolescents dont 56 % de Noirs, 24 % de Porto-Ricains et 20 % de Blancs.

En *Grande-Bretagne* 1 272 nouveaux cas ont été recensés entre 1947 et 1967 (dont 890 cas nouveaux pour la seule année 1966). Pour T. H. Bewley, O. Ben Arie et P. James qui rapportent ces chiffres en 1968, il semble que le taux de nouveaux cas double tous les 16 mois. Le taux de mortalité parmi ces drogués, pourtant d'âge très jeune (24 ans et

7 mois en moyenne) est 28 fois plus élevé que dans le reste de la population. Ces auteurs soulignent la fréquence, d'ailleurs classique, des complications infectieuses et surtout hépatiques (ictère dit « de la seringue ») chez ces toxicomanes.

En *France*, le fléau paraissait moins redoutable. Mais depuis l'été 1969 la reprise de la consommation d'héroïne a été foudroyante pour devenir étale en 1974 ; on estimait alors à 3 000 le nombre des toxicomanes en état de dépendance, héroïnomanes dans la grande majorité des cas. On comptait alors un cambriolage, chaque jour, de pharmacie d'officine par suite de la raréfaction du produit. Mais une nouvelle flambée est apparue. En 1979 on a saisi plus de 400 kg de « blanche » provenant du Moyen-Orient et destinée à l'Europe de l'Ouest. Selon l'Organe de contrôle des stupéfiants de l'O.N.U. il en aurait été saisi plus de 600 kg pour le seul premier trimestre 1981. On estime par ailleurs à 2 000 t par an la production de cette drogue en Asie du Sud-Est et au Moyen-Orient.

Vendue à 80 F le gramme sur les lieux de production, l'héroïne, frelatée à 97 % par l'apport de caféine ou de lactose, se revend aux drogués sur la base de 1 000 à 1 500 F le gramme, ce qui laisse un bénéfice d'environ un million de francs par kg.

En France, la progression du nombre de morts par « over-dose » fut impressionnante : 1 en 1949, 43 en 1978, 45 en 1979, 172 en 1980 et seulement 141 en 1981 (— 18 %). Précisons que, si la majorité d'entre elles est due à l'héroïne (55 %), un certain nombre est à mettre au compte des médicaments (26 %), des solvants organiques (7 %) et de la cocaïne (3 %).

6. **Les stupéfiants synthétiques.** — Bien que non opiacés, il convient, sinon de créer pour eux un

chapitre nouveau, du moins de regrouper ici des produits assez disparates ayant une action analgésique analogue à celle des opiacés.

L'intoxication chronique par le chlorhydrate de *péthidine* (Dolosal N.D.) rappelle celle de l'intoxication par les opiacés, comme celle produite par le *dextromoramide* (Palfium N.D.), analgésique puissant, de type morphinique, plus actif que la morphine, exerçant une action dépressive intense, préconisé tout d'abord dans le traitement des algies intolérables d'origine fonctionnelle ou organique résistant aux antalgiques habituels. Son administration sous forme de comprimés a rendu beaucoup plus facile son utilisation dans un but toxicomaniaque.

Aussi, en 1949, la Commission interministérielle des Stupéfiants a-t-elle décidé de prohiber purement et simplement l'utilisation en France de nouveaux stupéfiants synthétiques, à moins qu'ils ne représentent un progrès important.

Par contre, en 1972, un groupe d'experts de l'O.M.S. a conclu que les opiacés naturels (morphine, héroïne, codéine) n'étaient pas indispensables en médecine moderne dans la mesure où ils peuvent aujourd'hui être remplacés par des succédanés synthétiques beaucoup plus faciles à contrôler. Si 1 350 t d'opium sont utilisées tous les ans pour faire face aux besoins médicaux, 1 200 t environ alimentent le marché clandestin de la drogue.

Le visa des spécialités établi en France permet, en présence d'un nouveau produit analgésique, d'exiger des garanties physiologiques au regard de la tolérance et du pouvoir toxicomanogène, avec un recul expérimental suffisant. Il ne faut pas oublier, en effet, que beaucoup d'analgésiques nouveaux sont lancés sous le couvert d'une innocuité absolue au point de vue de la tolérance, assertion que la pratique dément souvent. Ce fut, par exemple, le cas de la pentazocine (Fortal N.D.).

V. — Prévention et thérapeutique individuelle de l'opiomanie

La prévention se résume, pour le médecin, dans les mesures d'extrême prudence avec laquelle il doit faire, en clientèle, les prescriptions opiacées et dans la surveillance du personnel soignant sous ses ordres.

Ces précautions étant prises, il est bien certain qu'on ne saurait refuser le bénéfice de l'opium à des malheureux voués à une mort inéluctable ou à une agonie douloureuse (cancéreux notamment).

Quand un toxicomane vient solliciter le médecin, il cherchera à l'attendrir, demandant un viatique pour un voyage ou un ultime secours avant d'entrer en clinique pour une cure de désintoxication décidée, mais qu'il ne réalisera pas. Le toxicomane est un menteur et un habile voleur. Le médecin sollicité doit aiguiller son client vers un spécialiste ou une formation hospitalière appropriée.

Renoncer à une habitude toxique est une question de volonté. Mais prendre une décision et surtout la soutenir est au-dessus des moyens du toxicomane et contraire à son tempérament, fait de veulerie, de pusillanimité, de mensonge et de dérobade.

Il faut donc imposer le sevrage, ce qui n'est pas toujours aisé, en l'absence d'une législation appropriée, pourtant souhaitable.

La cure des toxicomanes de l'opium est bien décevante ; elle comporte souvent des échecs, et plus encore des récidives.

Il faut bien connaître un principe que l'expérience a consacré : il n'y a pas de guérison possible en cure libre. Les accidents terriblement douloureux du sevrage, à eux seuls, soulignent cette impossibilité. On ne sèvre un opiomane, à quelque catégorie qu'il appartienne, que par un isolement rigoureux, absolu et prolongé dans un établissement spécialisé possédant un personnel parfaitement adapté à ce genre de traitement.

Certains sont partisans du sevrage seul. A Tokyo en 1964 on comptait plus de 50 000 héroïnomanes. Les Japonais décidèrent de n'accorder aucun soin aux toxicomanes emprisonnés. Il n'y eut aucun cas de mort. Le « milieu » nippon qui droguait ses prostituées pour les asservir cessa de le faire. En 1972, la Faculté de médecine de Tokyo dut, paraît-il, faire venir un héroïnomane de New York pour le présenter aux étudiants. Il n'y en avait plus un seul dans la capitale du Japon.

Les méthodes de substitution ont été généralement abandonnées car elles n'ont abouti le plus souvent qu'à un changement de toxicomanie. La plus connue est celle de la *méthadone*, active par voie orale et qui substitue à une toxicomanie « aveugle » une toxicomanie dirigée, en principe, par le thérapeute ; elle créerait des conditions de confort favorisant dans un deuxième temps la resocialisation avec renoncement à la vie marginale. Dans les meilleurs cas (ils sont rares), cette méthode asservit le toxicomane à son thérapeute, comme le chien au maître qui le nourrit, ce qui ne semble pas la meilleure façon de créer une saine collaboration, indispensable à une prise en charge réelle.

Les méthodes de suppression seront, selon l'état organique du sujet, plus ou moins rapides.

Les cures de sevrage peuvent être grandement facilitées, surtout dans leur forme anxieuse et insomniaque, par l'emploi de la cure de sommeil un peu prolongée, des neuroleptiques, des anxiolytiques, voire des antidépresseurs.

A. J. Grosz a signalé, en 1972, que le propranolol fait disparaître l'effet euphorisant de l'héroïne, facilite grandement le sevrage et permet par la suite d'éviter les rechutes. De même M. Maya Perez a préconisé l'emploi de la codethyline ou di-ethylmorphine, dérivé synthétique de la morphine qui ne provoque pas d'accoutumance et faciliterait le sevrage dans 85 % des cas environ.

Plus récemment, une équipe américaine a constaté, à la suite d'un essai en double aveugle contre un placebo que la *clonidine* (Catapressan N.D.) supprimait de façon rapide et durable le syndrome de sevrage.

Pour certains auteurs anglo-saxons et, en France, pour Commin et coll., un antagoniste pur des morphiniques, la *naloxone* représente un progrès considérable dans le diagnostic et le traitement des intoxications opiacées aiguës réelles ou supposées, avec une sécurité éprouvée. Son seul inconvénient réside dans la faible durée d'action (2 heures environ par voie veineuse) des doses utilisées, ce qui reste supérieur à celle de la *nalorphine* (20 minutes), antagoniste conventionnel des opiacés.

Cette constatation amène à penser que la découverte des endorphines physiologiques et des récepteurs cérébraux des opiacés permettra d'éclairer d'une lumière nouvelle le mode d'action des toxicomanies et ouvrira peut-être des perspectives thérapeutiques intéressantes.

La convalescence du toxicomane est le temps le plus délicat de la cure. Sevrer n'est rien ; consolider est tout.

Au bout de trois semaines, le sujet en général a cessé de souffrir de façon très pénible. Il a repris une partie de son poids, mais il garde souvent un sommeil incomplet et reste un anxieux latent. Il aspire ouvertement à la liberté et secrètement encore à la drogue. Il réclame sa sortie, arguant de son bon état.

Il faut lui résister. Physiologiquement, l'état de besoin n'a pas encore disparu ; les métabolismes organiques ou humoraux n'ont pas eu le temps de refaire un point d'équilibre nouveau et résistant. Psychologiquement, le sujet reste fragile, exposé à toutes les suggestions de ses petites tares mentales. « La drogue morte laisse un fantôme ; à certaines heures, il heurte la maison », disait Cocteau.

Le médecin a le devoir de s'opposer à une sortie anticipée. Magnan voulait une séquestration de six mois à un an pour le toxicomane ; il n'avait peut-être pas tort.

Il faut obtenir au moins deux ou trois mois de convalescence pendant lesquels on tentera une rééducation psychothérapique. On s'occupera par la suite de replacer le malade dans un milieu qui ne favorisera pas une récidive. On sait en effet que les anciens compagnons de drogue sont, par leur prosélytisme, les pires ennemis du toxicomane sevré.

Travail difficile et ingrat. Pour quelques cas heureux de sauvetage, combien d'autres dans lesquels le médecin assiste à des récidives qui sont presque la règle chez les vieux intoxiqués. Et les « vieux » intoxiqués ne sont pas toujours les plus âgés.

CHAPITRE II

LE CHANVRE (« CANNABIS ») ET SES PRODUITS

Haschich, kif, marihuana, etc.

I. — Données botaniques

Le *chanvre (Cannabis sativa)* est une plante dioïque, de la famille des urticacées, tribu des cannabinées, originaire de l'Asie centrale d'où elle s'est propagée dans les autres pays.

Il n'existe qu'une seule espèce de chanvre ; mais les caractères morphologiques de cette plante se modifient très facilement et rapidement sous l'influence des variations de climat et d'altitude, et en ont fait distinguer d'assez nombreuses variétés (J. Bouquet).

En Europe, c'est une plante de haute tige, susceptible d'atteindre 2 m, cultivée surtout en vue de ses fibres textiles et aussi de ses graines oléagineuses (chènevis).

Mais dans certaines régions (hauts plateaux asiatiques, Hindoustan, Perse, Grèce, Afrique du Nord), la plante, en réaction à la sécheresse et au climat, est moins vigoureuse, de plus petite taille et de moindre valeur textile. Autour des sommités fleuries de la plante femelle est sécrétée une résine (moyen de protection) douée de propriétés physiologiques actives. Cette variété adaptative a reçu le nom de *Cannabis indica*. C'est celle qui donne les produits utilisés par les toxicomanes.

Dès la plus haute Antiquité, on savait que cette résine consommée avait la propriété d'engendrer une ivresse particulière.

Les prêtres de l'Inde en faisaient des breuvages secrets destinés à exalter des théories de jeunes prêtresses dans les cérémonies religieuses et à impressionner les fidèles.

La légende veut aussi que le cheikh el Djabal, dit « le Vieux de la Montagne », en usât sur ses séides pour les domestiquer à ses fins souvent sanguinaires ; d'où serait venu le nom d'*assassins (haschichins)*.

Connue d'Hérodote, de Pline, on en trouve aussi mention dans certains ouvrages sanscrits.

Son emploi, longtemps tenu secret par les prêtres, se répandit dans le vulgaire, diffusa dans l'Inde d'abord, dans le Proche-Orient (Perse, Asie Mineure, Egypte). Les invasions arabes l'ont probablement introduit en Afrique du Nord et fait connaître à l'Espagne.

Plusieurs contes des *Mille et une Nuits* établissent qu'au Xe siècle on connaissait les principaux effets de cette drogue.

La dernière conquête du chanvre fut l'Amérique.

Rappelons que le haschich fut l'objet vers le milieu du XIXe siècle de toute une littérature qui chantait cette ivresse.

II. — Données chimiques et pharmacodynamiques

Les premières études sur le chanvre furent faites sur place par Sylvestre de Sacy, Rouyer, Desgenettes, lors de la campagne de Bonaparte en Egypte, tandis que Virey et Lamarck en analysaient des échantillons rapportés d'Orient.

On utilise la cannabis sous trois formes :

a) La *résine* sécrétée porte des noms différents suivant les pays : *charas* en Asie ; *haschich* dans l'Orient méditerranéen et *chira* en Afrique du Nord. Cette résine, récoltée par des procédés spéciaux, est façonnée en plaques ou bâtonnets en vue de sa consommation.

b) Le *chanvre en nature* (feuilles et sommités fleuries de la plante femelle) est recueilli et desséché, haché peu avant l'usage avec des instruments spéciaux, souvent mélangé ensuite à certains tabacs. Il porte des noms différents : *bhang* et *ganja* (Indes), *kif* (Algérie, Maroc), *takrouri* (Tunisie), *habak* (Turquie), *haschich el keif* (Syrie, Liban), *djomba, liamba, riamba* (Afrique centrale, Brésil), *dagga* (Afrique australe), *marihuana* (Amérique), *grifa* (Mexique). Tous n'ont pas la même toxicité comme l'a souligné, en 1970, le Dr Cameron, chef du service des toxicomanies à l'O.M.S. : la *marihuana* utilisée aux Etats-Unis est relativement faible et analogue au *bhang* qui est infusé dans l'eau en Inde. Le *ganja*, stade spécial des plantes femelles du chanvre indien, est deux à trois fois plus fort que le *bhang* et le *haschich* est deux à trois fois plus fort que le *ganja*. Le principe actif, le tétrahydrocannabinol (T.H.C.), une fois extrait du haschich, a un pouvoir du même ordre de grandeur que le L.S.D.

c) Depuis 1974 on peut trouver sur le marché clandestin, notamment à Amsterdam, du haschich liquide, distillat de cannabis concentré à 60 % que l'on prend par injection ou par voie buccale. Produit huileux, il est transporté dans des bidons mais on a pu arrêter de jeunes femmes qui avaient avalé ou caché dans leurs vagins des préservatifs masculins remplis de haschich liquide.

La résine est infiniment plus nocive que le chanvre en nature. Dans le premier, la teneur en produit actif oscille autour de 40 %, tandis que dans le second elle ne dépasse guère 8 à 12 %. Certains pays qui ont institué un monopole de la vente (Tunisie, Maroc) s'efforcent de maintenir une teneur affaiblie et constante qui ne dépasse pas 4 à 5 %.

Tennant et Groesbeck ont attiré l'attention sur le fait que la teneur en T.H.C. peut varier de 1 % pour le haschich « américain » à 5 à 10 % dans l' « européen », d'où les divergences constatées parfois dans l'appréciation de la nocivité du produit.

Le principe actif, isolé de la résine, semble être le tétrahydrocannabinol (T.H.C.) et notamment l'isomère delta-1-2 trans-trans. En 1970 R. Mechoulam (Jérusalem) a émis l'hypothèse que l'effet physiologique prolongé du chanvre indien fumé est probablement dû à un métabolite car le delta-1-T.H.C. disparaît très rapidement de l'organisme humain. Une enzyme ne se rencontrant pas normalement dans l'organisme humain, mais se formant en réaction au delta-1-T.H.C. l'oxyderait en hydroxy-T.H.C. Ceci expliquerait pourquoi la plupart de ceux qui fument pour la première fois du chanvre n'éprouvent que peu ou pas de réaction, un certain temps étant nécessaire pour que l'enzyme soit induite.

J. del Castillo a montré, en 1975, la parenté chimique très grande de la thujone, principe actif de l'absinthe et du T.H.C., ce qui explique la ressemblance de leur action psychologique.

L'identification de la cannabis peut se faire au microscope, mais avec plus de précision au laboratoire de chimie (réaction alcaline de Beam ainsi que les variantes qui en dérivent).

Expérimentalement, les essais physiologiques de Richet, de Joël, ont permis de conclure que l'action de la cannabis s'exerce sur le cortex cérébral, ce qui a justifié son appellation de « poison de l'intelligence ».

On utilisait autrefois des extraits de *cannabis* en pharmacie ; ils sont aujourd'hui tombés en désuétude.

III. — Produits et préparations utilisés par les toxicomanes

J. Bouquet, à qui l'on doit une remarquable étude d'ensemble sur la cannabis, classe les produits et préparations utilisés par les toxicomanes en trois catégories.

1. **Drogues à fumer.** — La plus recherchée était connue sous le nom de *haschich kafour*, minces bâtonnets faits avec de la résine ; on les morcelle au moment de l'emploi, on les additionne parfois d'opium, de jusquiame ou de produits odorants ou aphrodisiaques ; le tout est introduit dans des cigarettes. Les fumeurs algériens le consomment dans une petite pipe spéciale, mélangé à du *tabac soufi*, variété de tabac indigène cultivé dans le Sud, ou en roulant des cigarettes. La Régie marocaine le vend tout mélangé. Ce sont également les feuilles de chanvre qui se fument dans les *cigarillos* de marihuana en Amérique.

2. **Drogues à boire.** — Ce sont ou bien des macérations aqueuses de feuilles ou de sommités, peu actives, étant donné la faible solubilité du végétal, ou des suspensions faites avec le chanvre pilé au mortier (type *assis*). On les mélange à des solutions ou des sirops parfumés (fleur d'oranger, jasmin, etc.) (type *esrar*) ou à des alcools anisés *(chats-raki)*.

3. **Drogues à manger.** — Toutes les recettes de confiserie et toute l'imagination orientale ont été mises à contribution, et des types divers, suivant la préparation ou l'excipient, se partagent la faveur d'une clientèle friande. Il y en a pour tous les goûts et pour toutes les bourses : confitures, pâtes molles, pâtes croquantes incorporent la *chira*. Le *manzoul*, le *madjoun*, le *damawesk*, le *garouich* sont les plus connues de ces confiseries. Leur diversité tient surtout aux associations : amandes, pistaches, noisettes, muscade, poivre, cannelle, quand il ne s'agit pas d'opium, de noix vomique, de cantharides, car beaucoup ont des visées et une réputation aphrodisiaques.

IV. — Géographie du cannabisme

1. **Asie.** — Aux Indes, on fume le *ganja* et le *charas*, on boit le *chang*, on mange le *majoun*. C'est tantôt pour tromper la faim, résister à la fatigue, tantôt comme excitant génésique par adjonction d'aphrodisiaques, mais parfois aussi ses adeptes y cherchent un excitant à leur fanatisme politique ou religieux, selon la tradition des Védas. Ils deviennent alors dangereux au point de vue social.

Malgré la réglementation, la plante prospère aux Indes et d'immenses régions comme le Thibet, le Turkestan chinois échappent aux investigations.

Par contre, Chine et Japon semblent indemnes au milieu d'un continent où pullulent les fervents de la drogue.

2. **Bassin méditerranéen.** — En *Turquie*, poussent des chanvres réputés (Brousse, Smyrne). Malgré les mesures gouvernementales, la toxicomanie au haschich sévit encore, mais uniquement dans la pègre.

En *Egypte*, le nombre des fervents de la cannabis reste élevé. Un rapport officiel de 1937 indique que sur une population de 3 100 000 habitants on en comptait 12 % en 1906 (Dr Warnock).

En *Grèce*, la culture du chanvre fut très prospère à un moment donné, et c'est le Péloponnèse qui, en grande partie, ravitaillait en résine le Bassin méditerranéen et l'Afrique du Nord. Mais les mesures énergiques prises par les gouvernements intéressés ont tari cette production.

En *Afrique du Nord*, l'usage du chanvre fut réglementé officiellement par les gouvernements tunisien et marocain qui ont mis en vente un chanvre prêt à être fumé et de teneur modérée en résine. De la sorte, les méfaits sociaux ont été ralentis et l'on voit beaucoup moins de folies haschichiques qu'autrefois.

On découvre périodiquement en France des cultures clandestines de chanvre destinées au ravitaillement des Nord-Africains qui vivent en France et des adolescents qui en fument plus ou moins régulièrement, le plus souvent par curiosité ou snobisme, par un certain conformisme de l'anticonformisme. Mais, bien entendu, la plus grande partie du chanvre fumé est importée.

3. **Amérique.** — Le chanvre y aurait été importé par des Noirs d'Afrique du Sud (Wolff). Il se répandit d'abord dans l'Amérique latine, touchant principalement les pays du Nord-Est (Mexique, Cuba, Jamaïque). Du Mexique il est passé dans l'Amérique du Nord où son usage s'est rapidement répandu, surtout dans la jeunesse étudiante, et a sérieusement inquiété les autorités. En ces pays d'Amérique, il est connu sous le nom de marihuana et se fume en cigarettes. Au Mexique, il est souvent fumé collectivement à l'occasion de certaines cérémonies rituelles d'origine indienne, au cours desquelles le *cigarillo* passe de bouche en bouche ; au centre du cercle des fumeurs est placé un iguane, animal sacré, dont on surveille les réactions ; la fumerie est suspendue dès que l'animal manifeste quelques désordres.

S. G. Benson et ses collaborateurs estimaient, en 1971, que 25 à 30 millions d'Américains avaient utilisé le chanvre aux Etats-Unis. Une enquête menée dans quatre écoles de médecine, portant sur 1 000 étudiants environ, indiquait que 17 % à 70 % (selon les écoles) avaient fumé du chanvre, plus de 500 au moins une fois et 114 plus de 100 fois, 300 d'entre eux l'utilisant couramment.

V. — L'ivresse cannabique et ses aspects

Depuis 1840, l'étude de l'intoxication aiguë passagère par la cannabis a fait l'objet de nombreuses publications, les unes scientifiques (Moreau de Tours, Gley, Richet et Rondeau, R. Meunier, J. Bouquet, E. Pascal), les autres purement littéraires (Baudelaire, Théophile Gautier). L'école de Heidelberg (Wilmans, Beringer, Stringaris) en a fait l'étude expérimentale.

J. Bouquet fait justement remarquer que les descriptions, pour la plupart, relatent les expériences faites par des sujets de haute culture intellectuelle dont les observations ne sauraient guère s'appliquer aux toxicomanes de basse classe, qui constituent la grosse clientèle du haschich ou du kif.

Baudelaire lui-même avait fait des réserves et écrit que les phénomènes décrits par lui « se produisaient chez les esprits artistiques et philosophiques, mais qu'il y avait des tempéraments chez qui cette drogue ne développait qu'une folie tapageuse, une gaieté violente qui ressemble à du vertige, des danses, des sauts, des trépignements, des éclats de rire. Ils ont, pour ainsi dire, un haschich tout « *matériel* ».

Un peu schématiquement, plusieurs phases successives ont été décrites dans l'ivresse cannabique :

1. **Phase d'excitation euphorique.** — Une ou deux heures après l'ingestion, le sujet, dit Moreau de Tours, éprouve une sensation de bien-être physique et moral, de contentement intérieur, de joie intime indéfinissable. Cette joie profonde est expansive et communicative.

2. **Phase d'exaltation sensorielle et affective. Désorientation.** — Une hyperesthésie sensorielle anormale se manifeste d'abord par une acuité accrue des perceptions ; le moindre bruit, le moindre son ont des résonances extraordinaires, engendrant des illusions et souvent aussi des hallucinations. Cette ivresse haschichique accroît d'une façon particulière

l'émotivité du sujet ; il est suggestible à l'extrême ; le cœur déborde d'une tendresse communicative ; parfois c'est une hilarité incoercible ; mais d'autres fois aussi, se produit une soudaine impulsivité avec des raptus anxieux, des fugues avec agressivité ou des scènes meurtrières.

Les notions de temps et d'espace sont profondément perturbées. Le sujet a vécu dans un monde merveilleux et fantastique et vu des scènes innombrables dans un déroulement sans fin et pourtant la pendule n'a avancé que d'une minute. Les distances sont considérablement accrues, entre le sujet et son voisin, entre le verre et la main, comme sont démesurément allongés et déformés les propres membres du fumeur.

3. **Phase extatique.** — Une indicible sensation d'extase fait suite au tumulte des idées et des images ; cette phase de béatitude tranquille est encore traversée parfois de visions. Le sujet entre dans cette période de bien-être que les musulmans appellent précisément le « kif » (repos béat) et qui a fait donner son nom à la drogue qui le procure. S'il garde une certaine lucidité, il reste néanmoins dans un état d'impuissance profonde : « Je vous défie de tailler une plume ou un crayon », disait Baudelaire, « ce serait un labeur au-dessus de vos forces ». Cette aboulie totale est très caractéristique. Enfin, notons aussi qu'on a parfois signalé un véritable dédoublement de la personnalité.

4. **Dépression et sommeil. Le réveil.** — Après quelques heures de cette détente extatique et passive, le sujet s'endort. Il se réveille le lendemain, un peu étonné, mais, semble-t-il, assez dispos. L'alcool passe, au Mexique, pour être un antidote de l'ivresse cannabique.

G. de Clérambault a signalé que cette ivresse, au lieu d'être continue, procède par poussées successives que séparent des intervalles calmes. Les Arabes disent : « La première ivresse est montée, la seconde ivresse est montée, etc. »

VI. — Le cannabisme chronique et ses aspects médicaux et sociaux

L'usage habituel du chanvre, le cannabisme chronique, est peut-être moins tyrannique que celui des poudres blanches ou de l'opium, souvent plus modéré en son usage. L'accroissement des doses est moins rapide ; l'abstinence ne s'accompagne pas de graves accidents de sevrage. Mais l'assujettissement reste assez sérieux pour diminuer la valeur sociale du sujet et aboutir à des déchéances physiques et mentales incontestables.

Un proverbe marocain dit : « Le kif est comme le feu ; un peu réchauffe, beaucoup brûle. »

Des épisodes aigus vont surgir sur ce terrain miné et sous-alimenté : accès d'agitation délirante, raptus anxieux, fugue, réaction antisociale et meurtrière. H. Aubin a insisté sur le caractère particulier « à éclipses » de ces états d'excitation, caractère dont il fait un test évolutif très utile pour le diagnostic de cannabisme chronique. Ces accidents, d'apparence subite, peuvent se détendre après quelques jours d'hospitalisation, si le sujet est encore jeune. Mais souvent ils vont se prolonger par un état d'apathie, d'indifférence, de ralentissement intellectuel, de désintérêt, d'émoussement de l'affectivité, entrecoupé de violentes manifestations d'irritabilité et d'agressivité qui font penser à une schizophrénie régressant parfois spontanément après un sevrage ou un isolement de six mois à un an. Pour Kolansky et Moore, ces symptômes seraient liés à des modifications biochimiques encore réversibles dans les six à neuf premiers mois, mais qui peuvent entraîner des modifications de structure définitives au-delà de cette période. Campbell a noté, par encéphalographie gazeuse, l'existence d'une atrophie cérébrale chez 10 fumeurs chroniques (trois à onze années).

Les substances chimiques propres aux dérivés du cannabis sont insolubles dans l'eau et très solubles dans les graisses ; de ce fait, elles s'accumulent avec leurs métabolites dans les tissus adipeux d'où elles sont éliminées très lentement ; leur demi-vie est de 3 à 4 jours dans le plasma et 8 jours dans les graisses. Une accumulation dans le corps est donc certaine chez ceux qui fument plusieurs fois par semaine ou par jour (G. Nahas).

Ce même auteur et ses collaborateurs ont signalé une diminution significative de l'immunité cellulaire chez 31 fumeurs chroniques de chanvre, entraînant une diminution estimée à 60 % de leur résistance naturelle aux infections et au cancer, par rapport à un groupe témoin pourtant deux fois plus âgé. De même, en culture cellulaire, le chanvre attaque l'A.D.N., favorise les « cassures » chromosomiques et la fréquence des malformations fœtales.

On a noté également chez eux la fréquence de l'acné (Tenant) et des gynécomasties (Hormon et Aliapoulos).

Cannabisme et criminalité. — Les Américains, en dénonçant les ravages de la marihuana, ont insisté, nous l'avons dit, sur son influence au regard de la criminalité.

Wolff estime que 50 à 80 % des fumeurs versent dans l'agressivité. Nous avons eu à faire plusieurs expertises mentales dans des affaires de meurtres, accomplis avec une sauvagerie inouïe, sous l'influence du kif. Scouras en Grèce et Mashar Osman Uzman en Turquie ont fait les mêmes constatations.

Il s'agit donc bien d'une toxicomanie vraiment dangereuse au point de vue individuel et social.

Par ailleurs, P. Kielholz et ses collaborateurs, ont fait une étude expérimentale en double aveugle (1972) sur les conséquences du cannabisme sur la conduite automobile. Il en ressort que les sujets ayant consommé du T.H.C. ont une attention et une concentration très diminuées, des modifications de la motricité et de la coordination, une difficulté à apprécier la situation environnante, gênant considérablement les décisions et les actions rapides. Ces modifications persistent six heures après la prise et un effet résiduel discret persiste après vingt-quatre heures.

VII. — Conduite à tenir

On ne saurait confondre le lycéen qui, par curiosité, a fumé quelques cigarettes de marijuana avec le fumeur invétéré, souvent polyintoxiqué. L'intoxication chronique impose un sevrage et un isolement qui ne comportent pas d'accidents aigus. Mais les récidives sont assez fréquentes.

On a opposé le chanvre, drogue « douce », aux opiacés, drogues « dures » pour suggérer, puisque aussi bien on autorise la vente pratiquement sans contrôle du tabac et de l'alcool, la mise en vente libre de la marijuana, ce qui supprimerait le trafic illicite et diminuerait l'attrait du « fruit défendu ». La controverse n'est pas récente. Du XIIIe au XVe siècle, 22 manuscrits musulmans décrivent le haschich comme une substance qui détourne l'homme de ses devoirs sociaux, familiaux et religieux (G. Nahas).

En outre, la consommation de chanvre est l'étape cruciale qui précède l'usage des drogues « dures » et Kandal (Etats-Unis) évalue à 26 % les jeunes fumeurs de marijuana qui s'adonneront ultérieurement aux pilules ou à l'héroïne. En France, Curtet comme Olievenstein estiment à 3 à 5 % des usagers de cannabis ceux qui feront l'escalade.

En réalité, il n'y a pas de drogues dures et de drogues douces : il n'y a que des drogues plus ou moins dangereuses à plus ou moins brève échéance (G. Nahas). Au siècle dernier, Baudelaire concluait déjà : « Jamais un Etat raisonnable ne pourrait subsister avec l'usage du haschisch. Cela ne fait ni des guerriers ni des citoyens. En effet, il est défendu à l'homme sous peine de déchéance et de mort intellectuelle de déranger les conditions primordiales de son existence et de rompre l'équilibre de ses facultés. S'il existait un gouvernement qui eût intérêt à corrompre ses gouvernés, il n'aurait qu'à encourager l'usage du haschisch. » On comprend mal la nécessité d'ajouter un poison nouveau à ceux qui sont malheureusement déjà tolérés. Avec Y. Pelicier nous ne pensons pas qu'une drogue incapacitante soit une solution aux problèmes des jeunes de notre temps ; on peut espérer qu'ils choisiront d'autres voies pour les affronter que la fuite dans les nuages ; et c'est le rôle des plus âgés de le dire nettement, sans agressivité mais sans complaisance.

CHAPITRE III

LA COCAÏNE (COCAÏNOMANIE) LES « RENIFLEURS »

I. — Coca et cocaïne

L'*Erythroxylon coca*, dont est extraite la cocaïne, est un arbrisseau de l'Amérique du Sud, transplanté par la suite à Ceylan, à la Jamaïque et surtout à Java qui est devenu le grand centre producteur.

Montegazza avait signalé, dès 1850, que les Péruviens mâchaient des feuilles de coca pour augmenter leur résistance à la fatigue, à la faim et à la soif. Les usagers consomment en moyenne de 50 à 500 g par jour de feuilles de coca enduites d'une pâte spéciale composée de cendres.

En 1856, l'Américain Samuel Percy signalait la curieuse anesthésie buccale qu'elle produisait. Ce n'est qu'en 1857 (Rizzi) et 1859 (Niemann) que fut extrait l'alcaloïde actif, la « cocaïne ». C'est entre 1870 et 1880 que cette dernière fit son entrée dans l'arsenal médical comme anesthésique local (Reclus).

C'est le *chlorhydrate de cocaïne*, d'une grande solubilité, qui est couramment utilisé. La toxicité de cet alcaloïde est assez grande puisque, en ingestion buccale, une dose de 0,50 g est mortelle.

Pouchet a montré que la cocaïne est un poison de tous les tissus vivants, mais qui a une électivité particulière pour les tissus nerveux et les centres, beaucoup plus que pour le système nerveux périphérique (Guillain, Guy Laroche, Grigaut).

Absorbée par voie nasale, la cocaïne atteint son maximum de concentration dans le plasma en 15 à 60 minutes, où elle persistera pendant 4 à 6 heures.

Les intoxications aiguës par la cocaïne, qu'elles soient accidentelles ou par exagération de dose, peuvent entraîner une mort rapide, parfois subite, par accidents bulbaires : syncope, troubles respiratoires et refroidissement des extrémités.

II. — La cocaïnomanie

1. **Historique.** — On s'aperçut de la gravité de la cocaïnomanie lorsqu'en 1878 Bentley la préconisa comme « substitutif » dans les cures de sevrage morphinique. On créait ainsi une toxicomanie plus dangereuse et plus délirante que celle que l'on voulait combattre. Schaw, de Saint-Louis, décrivit en 1855 une cocaïnomanie d'habitude. Une excellente autobiographie d'un médecin américain, Ring, en 1887, précise avec minutie les sensations spéciales du « cocaïnisé ». Jusque vers 1910, on n'observa que des cas sporadiques, la plupart par injection, quelques-uns cependant par prise nasale à l'occasion de rhinites ou de névralgies faciales. Mais, vers 1910, une véritable vague d'assaut, partie des usines chimiques d'Allemagne, déferla sur l'Europe, puis gagna le Nouveau Continent et l'Extrême-Orient, en particulier les Indes. La terre d'élection de la cocaïne est aujourd'hui la Colombie d'où elle part par bateau ou par avion, mais aussi par passeurs individuels, ingérant de petits sachets de plastique ou de caoutchouc contenant le produit. Des cas d'intoxication aiguë brutale et mortelle ont été signalés chez ces sujets avec crises convulsives et œdème aigu du poumon.

2. **Le monde des cocaïnomanes.** — C'est d'abord par snobisme et dans les milieux faisandés des grandes villes que la drogue diffusa, diffusion favorisée par les trafiquants clandestins. L'approvisionnement était fait surtout de contrebande, avec

quelques appoints pharmaceutiques. Un argot spécial s'était créé : la « poudre », la « neige », le « blanc », la « respirette », la « came ». Une des raison du succès de la poudre blanche était surtout la simplicité et la discrétion relative de son emploi. Elle fut aussi utilisée par des surmenés, des hommes d'affaires et des sportifs, comme excitant. A un moment donné, elle fut même employée sur les champs de course pour « doper » les chevaux avant l'épreuve.

Cette diffusion rapide à partir de 1910 fut une des grandes causes qui hâtèrent en France le vote de la loi du 12 juillet 1916 sur les stupéfiants. Pourtant, le fléau ne se ralentit pas pour autant. La police parisienne estimait en 1924 à 80 000 le nombre des adeptes de la « coco » (Cyril et Berger). Briand et Vinchon estimaient qu'à l'époque 50 % des prostituées de Montmartre étaient des cocaïnomanes. Il fallut l'arrivée de l'héroïne sur le marché clandestin pour faire rétrograder la cocaïne dont les saisies devinrent de plus en plus rares en Europe comme en Amérique.

3. **La pratique et les doses.** — Il est rare que la première prise ne produise pas une sensation désagréable : nausées, faiblesse, énervement et insomnie. Mais la seconde, si elle est modérée, entraîne une exaltation euphorique qui va consacrer l'habitude. Il est curieux de constater que ce produit, parfois si dangereux à petites doses en piqûres, a une facilité, une tolérance et une marge d'absorption si grandes par la muqueuse nasale. Le phénomène de l'accoutumance joue très vite ici. Le *petit* toxicomane ne dépasse pas 1 g en trois fois ; le *moyen* toxicomane prise de 1 à 3 g ; le *grand* toxicomane va de 3 à 5 g ; la dose de 10 g est exceptionnelle. Certains priseurs, pour éviter la sécheresse et la

cyanose des doigts ainsi que du pourtour des narines, se servent d'une spatule en ivoire, en os ou en métal ; quelques raffinés, de tampons montés sur des stylets habilement coudés. On faisait, à un moment donné, de véritables « nécessaires » de luxe, ornés et camouflés avec art.

III. — Les accidents de la cocaïnomanie

De toutes les toxicomanies, celle de la cocaïne est incontestablement la plus féconde en accidents et en désordres, particulièrement dans le domaine mental.

1. **Les premières manifestations.** — C'est d'abord une euphorie, mais une *euphorie active*, le « bonheur en mouvement », disait Dupré, qui l'opposait à la joie passive de l'opiomane. Le sujet se sent léger, vigoureux, audacieux, résistant. Il est plus lucide ; la production littéraire ou artistique peut être momentanément accrue. La cocaïne ne fait pas travailler mieux, disait un sujet de L. Vervaeck, elle fait travailler plus vite. Le cocaïnomane est bavard, loquace, entraînant. Il éprouve un intense besoin de mouvement, de vitesse qui s'épanche parfois en folles randonnées.

Mais cette amplification de la personnalité physique et intellectuelle, ce dynamisme d'emprunt ne durent qu'un moment ; après quoi le sujet tombe dans une apathie, une indifférence dont il cherche à sortir par une nouvelle prise et le cycle infernal se referme. Un degré de plus et c'est la véritable ivresse cocaïnique avec ses « visions » et ses sensations hallucinatoires qui se manifestent assez vite au bout de quelques semaines ou de quelques mois.

2. **La phase hallucinatoire et les troubles du comportement.** — De nombreuses erreurs de perception

et de jugement s'installent alors. Des *illusions animées* apparaissent, essentiellement visuelles : les tableaux de la chambre s'animent, les contours des meubles se déforment, les rideaux s'agitent. Souvent, ce sont des objets menus, scintillants, qui apparaissent, et Dupré a pu parler de « génie pointilliste ». Un phénomène fréquemment signalé est la fascination du sujet par ses « visions » qu'il semble même vouloir provoquer parfois. Elles surgissent sur une surface lisse, sur une glace, et on voit le cocaïnomane en arrêt de longs moments devant son miroir, assistant à la projection de ses hallucinations.

Il a aussi des illusions et des hallucinations de l'ouïe.

Un type propre et assez caractéristique de l'intoxication cocaïnique est l'*hallucination cutanée et muqueuse* : sensations anormales de froid, d'électricité, de picotement. Puis, bientôt, c'est la sensation surtout d'être dévoré superficiellement par de minuscules parasites, poux, punaises, vers, microbes, qui sont « entre chair et peau » et que souvent le sujet voit en même temps qu'il les sent. Cette illusion de vermine est tout à fait spécifique et lui dicte des réactions adéquates : il se gratte sans arrêt, se pince, se frotte, parfois se laboure l'épiderme à coups d'épingles, à la recherche du « ver » et sa peau est souvent pleine d'excoriations, de lésions de grattage. Les muqueuses participent à cette agression factice : les lèvres, la bouche, la luette sont remplies de sable, de verre pilé, de morceaux de fil qu'il cherche constamment à arracher du doigt ou même avec des pinces ; des excoriations de la langue ou des gencives en témoignent souvent.

Le cocaïnomane tombe vite dans la hantise d'être épié, surveillé, poursuivi, menacé, il se calfeutre chez lui, bouche tous les orifices, se terre sous ses draps ou s'accroupit dans la stupeur ; parfois il végète dans un désordre, une négligence, une saleté inexprimables. La chasse à la drogue l'oblige-t-elle à sortir ? Il le fait en rasant les murs ou au contraire se précipite dans une course folle, parfois agressive pour les passants. Sans aller jusqu'à ces gros troubles du comportement, le petit toxicomane se signale par sa silhouette spéciale, ses alternances de dépression et d'agitation, son regard inquiet, son prurit incessant, son tic de reniflement, la chiquenaude qu'il donne à tout instant sur le revers de sa veste, ou sur son corsage, comme pour en chasser les traces de poudre qui pourraient le trahir.

L'activité pragmatique à ce moment est nulle ; la vie régulière, quand il en existait une, à jamais disparue. Les affaires sont à l'abandon, la ruine le guette. La carence morale précède la déchéance intellectuelle. La délinquance apparaît et se manifeste par des vols, des escroqueries, du chantage et parfois des actes de violence allant jusqu'au crime.

3. **La déchéance.** — Peu d'années (cinq à dix) suffisent pour entraîner le cocaïnomane dans une déchéance définitive (amaigrissement, cachexie). Un stigmate de haute valeur diagnostique a fait son apparition : *la perforation de la cloison nasale* (Hautant et Laignel-Lavastine).

La déchéance intellectuelle et la désagrégation de la personnalité sont ici plus accusées que dans les autres toxicomanies, en particulier celle de l'opium. Un syndrome chronique s'installe, caractérisé par l'insomnie, l'apathie, une véritable psychose paranoïde, d'installation encore plus rapide que celle due aux amphétamines. Violence et hallucinations se poursuivent sans confusion mentale, selon une évolution progressive assez remarquable pour que

R.-M. Post (1975) suggère qu'il pourrait s'agir là d'un modèle utile pour étudier la progression des psychoses endogènes.

IV. — Le traitement de la cocaïnomanie

Le cocaïnomane supporte infiniment mieux le sevrage que l'opiomane. Les grands accidents de l'abstinence (collapsus cardiaque) sont rarement observés. Aussi ne doit-on pas hésiter à employer pour ce genre de toxicomanes le sevrage brusque. Mais il convient de maintenir longtemps le sujet à l'hôpital ou à la maison de santé et sous un isolement rigoureux. C'est un an qu'il faudrait le garder loin de son milieu.

V. — Les « renifleurs »

On peut rapprocher de la cocaïne qui se prise par le nez une toxicomanie singulière, celle des « renifleurs ». Il s'agit en général d'enfants ou d'adolescents, entre 11 et 23 ans, qui inspirent des *hydrocarbures volatils* provoquant une sensation ébrieuse. En général il s'agit de colle pour modèles réduits. Mais on a pu aussi utiliser des schampoings ou spray, des aérosols antitussifs, des liquides de nettoyage, des produits pour bronzer, etc. Le produit est en général répandu dans un grand sac en plastique dont l'enfant ou l'adolescent respire à fond le contenu. La mort n'est pas rare dans de tels cas puisqu'on a dénombré 101 décès dus à cette pratique en 1970 aux Etats-Unis (côtes Est et Ouest surtout). Dans ce cas ce n'est pas tant la suffocation, comme on l'avait cru, qui est responsable du décès que l'action très toxique de l'hydrocarbure volatil.

CarolWilde a signalé en 1975 qu'un pourcentage substantiel de jeunes étudiants californiens inhalait le contenu des « bombes » de peinture métallique (dorée ou cuivrée) pulvérisée dans un sac. Les substances volatiles ont un effet euphorisant, tandis que le cuivre et le zinc qui constituent le pigment de ces peintures provoquent des atteintes organiques sérieuses (rein, foie, cerveau, capillaires).

En 1976, J. D. Spencer et coll. ont attiré l'attention sur la mort subite par arythmie cardiaque et œdème aigu du poumon chez des infirmiers ayant volontairement inhalé un anesthésique volatil, l'*halotane*, dans un but toxicomaniaque.

Les auteurs anglo-saxons, Clinger et Bethel, Mizon et coll. en France ont signalé la survenue de neuropathies périphériques graves chez les toxicomanes qui inhalent des *vapeurs d'essence* : ils présentent en outre des hallucinations terrifiantes et des modifications du comportement. Les rôles respectifs des hydrocarbures, notamment de l'hexane et celui du plomb tetraéthyl et du triorthocresyl-diphosphate sont discutés.

CHAPITRE IV

LE CATH

Le *cath* ou *kath (Catha Edulis)* est un arbuste de la famille des célastracées, originaire d'Arabie, qui pousse en Afrique orientale. Il ressemble au théier, ses feuilles sont opposées, lancéolées, coriaces, de saveur amère. Sa culture exige des régions de pentes humides et tièdes, d'une altitude de 1 500 à 2 500 m. Les feuilles de cath contiennent trois alcaloïdes, la cathinine, la cathidine et surtout la cathine qui serait une d-nor-iso-ephédrine (Paris et Moyse).

Il constitue un redoutable fléau en voie d'extension sur le pourtour de la mer Rouge : Arabie, Yémen, Aden, Somalie, Ehtiopie, Erythrée, Territoire des Affars et des Issas, mais gagne aussi le Soudan, le Kenya, l'Afghanistan.

Selon les médecins exerçant dans ces régions, 60 à 70 % de la population de certains de ces territoires, soit 10 à 20 millions de personnes, consommeraient des feuilles de cath.

Vendu par paquets de 125 g ou de 250 g, il se consomme dans les quatre jours suivant sa récolte, car les feuilles desséchées perdent toute leur activité.

Un mangeur de cath en absorbe en moyenne 15 g à 100 g, tandis que les gros toxicomanes « broutent » jusqu'à 250 g à 400 g par jour.

I. — Données cliniques

En premier lieu, le sujet éprouve une sensation de bien-être, oublie la faim et ses soucis. Quand l'euphorie s'accentue, idées et souvenirs affluent, les gestes et les paroles deviennent plus faciles, quelque peu incoordonnés. Le regard est brillant, fixe, les pupilles dilatées, et l'on constate une tachycardie et une hypertension.

Le sujet se sent ensuite capable de prouesses amoureuses, et cet état se termine par une éjaculation spontanée sans orgasme. Les toxicomanes les plus anciens sont absolument impuissants.

Puis survient la période de dépression faite de fatigue et d'insomnie. La durée de cette période varie selon la quantité de cath consommée.

Ses effets se rapprocheraient de ceux des amphétamines (Eddy et Halbach) quand l'usage en demeure modéré. Dans les autres cas on peut voir apparaître des accidents digestifs : iléus paralytique, anorexie, constipation, stomatites et gastrites ; des accidents cardio-vasculaires ; des accidents psychiatriques : insomnie, impuissance, état d'excitation, bouffées délirantes, états démentiels d'allure schizophrénique.

II. — Les conséquences sociales

Les consommateurs de cath dépensent facilement la moitié de leur salaire pour acheter le toxique qui se vend cher car le trafic se fait actuellement par avion. A Djibouti, le chiffre d'affaires de 1971 se situait aux environs de 25 millions de francs français lourds. Dans le Territoire des Affars et des Issas, les importations en provenance d'Ethiopie sont passées de 281 t en 1953 à 1 032 t en 1971.

On comprend que les états de carences multiples,

de dénutrition, propres aux pays sous-développés, sont aggravés par le cath. C'est en ce sens qu'il est un redoutable fléau.

La misère, la pauvreté de la nutrition, les rigueurs du climat constituent des facteurs favorisant l'usage du cath.

Plusieurs méthodes de lutte ont été employées mais sans résultats évidents. Ainsi dans l'ancien protectorat d'Aden, les autorités britanniques avaient interdit la vente de ce toxique. Cette prohibition fut un échec, et la mesure dut être rapportée, étant donné les troubles qu'elle avait suscités. Les taxes qui frappent le cath, en en faisant un produit très coûteux, sont inefficaces : les intoxiqués préfèrent se priver de nourriture plutôt que de drogue. Dans le Territoire des Affars et des Issas, les taxes sur le cath en provenance d'Ethiopie n'ont pas réduit la consommation mais ont contribué à maintenir l'équilibre du budget du territoire...

L'élévation du niveau de vie, contrairement aux espoirs antérieurs, n'a fait qu'apparaître de nouvelles couches de consommateurs.

Au Yémen les meilleures terres sont réservées à la culture du cath qui est d'un meilleur rapport que les cultures vivrières ou les céréales.

Il a fallu attendre 1965 pour que l'O.M.S. se préoccupe très brièvement de ce fléau social, car le cath (comme les feuilles de coca) ne créant pas d'assuétude impérieuse n'était pas considéré comme une toxicomanie mais comme une simple dépendance.

Chapitre V

LES HALLUCINOGÈNES OU PSYCHODYSLEPTIQUES

Mescaline, psilocybine, L.S.D. 25, etc.)

Des produits dits « hallucinogènes » consommés depuis toujours en Amérique centrale et en Amérique du Sud, sous forme végétale, ont été utilisés ces dernières années par certains toxicomanes. Ils ne donnent jamais une toxicomanie majeure mais déclenchent des phénomènes insolites jusqu'ici apanage des psychoses : illusions sensorielles, hallucinations, modifications de l'affectivité, altérations de la conscience. On voit donc que, malgré leur nom, il ne s'agit pas de produits uniquement hallucinogènes mais de produits qui perturbent profondément le fonctionnement du psychisme. C'est pour cette raison que Jean Delay et ses collaborateurs ont proposé de les appeler plutôt « psychodysleptiques » en les définissant ainsi au Congrès de Psychopharmacologie de Washington en 1966 : « Substances qui perturbent l'activité mentale et engendrent une déviation délirante du jugement avec distorsion dans l'appréciation des valeurs de réalité. En outre, ces drogues sont génératrices d'illusions, d'hallucinations, d'états oniriques et oniroïdes, d'états de confusion, d'états de dépersonnalisation. »

Les plus connues d'entre elles sont la mescaline,

alcaloïde du peyotl, la psilocybine provenant de champignons mexicains et le L.S.D. 25 ou lysergamide ou acide lysergique plus récemment introduit. Ces produits ont ouvert une voie d'accès nouvelle à l'étude du fonctionnement psychique Il faut souligner leur proche parenté d'action avec les dérivés du chanvre indien et de la coca.

I. — Historique et matières premières

1. Le plus anciennement connu de ces produits est la *mescaline*, alcaloïde du *peyotl*, cactée du Mexique que les Indiens consommaient déjà avant la conquête espagnole et qui est encore utilisée de nos jours par les populations rurales d'Amérique centrale. Rouhier, initiateur des recherches psychiatriques, l'a appelée « la plante qui fait les yeux émerveillés », en 1926. C'est une cactée, l'*Echinocactus williamsii* dont la tête sphérique est débitée en tranches, les *mescal-buttons*, que l'on mâche. Parmi ses alcaloïdes, on trouve essentiellement la mescaline, substance indolique potentielle, proche parente de l'adrénaline.

Il faut en rapprocher une autre cactée du Pérou, l'*Opuntia cylindrica*, qui donne surtout des troubles du schéma corporel.

D'autres végétaux sont également hallucinogènes : le *cohoba*, poudre végétale provenant de certaines mimosacées, est inhalé. Son alcaloïde principal est la bufoténine : on la trouve dans les régions équatoriales de l'Amérique du Sud et des Antilles. Le *yagé* provient d'une liane qui contient de l'*harmine*. L'*ibogaïne*, alcaloïde de l'iboga, est originaire du Congo belge. L'*ololiuqui* (ipoméa tricolor), utilisé chez les Aztèques, est une convolvulacée qui contient cinq alcaloïdes lysergiques.

2. Les *champignons hallucinogènes* ont pour alcaloïde principal la *psilocybine*. Ce sont les champignons sacrés des rites aztèques bien étudiés par la mission Wasson et par Roger Heim. Ces champignons consommés crus ou secs (jamais cuits) sont appelés par les Aztèques le *téonanacatl* ou « chair de dieu ». Ce sont des basidiomycètes à lamelles (famille des agaricacées) et ils appartiennent à onze espèces de psilocybes et à cinq de stropharia. La psilocybine, alcaloïde principal, a une parenté chimique étroite avec le L.S.D. 25 ou acide lysergique. Son action est cent fois plus importante que celle de la mescaline.

Citons encore parmi les autres champignons, ayant des propriétés hallucinogènes, les panéoles, l'amanite muscarine ou fausse oronge, le nonda, les lycoperdons, etc.

3. Un dérivé de l'acide lysergique, le lysergamide ou L.S.D. 25 *(Lysergic Saüre Diethylamid)* dont l'action fut découverte à Bâle par Hoffmann, qui en fit une expérience personnelle involontaire, a pris une place prépondérante parmi les psychodysleptiques. C'était, à l'origine, un dérivé de l'ergot de seigle dont on s'aperçut rapidement qu'il était assez facile de le synthétiser. La psychopharmacologie de l'ergot de seigle remonte fort loin puisque c'est lui qui fut déjà rendu responsable du fameux « mal des ardents » aux environs du XIe siècle. C'est en 1845 que l'on put en extraire une douzaine d'alcaloïdes ayant tous une structure commune, l'acide lysergique.

Une nouvelle drogue hallucinogène, le D.O.M. (2,5-dimethoxy-4-méthylamphétamine), 50 fois plus puissante que la mescaline, est apparue dans le monde des drogués depuis peu. Les hippies la désignent sous le nom de S.T.P. (Sérénité-Tranquillité-Paix). Comme son éthyl homologue, le D.O.E.T., le D.O.M. est un hallucinogène apparenté à la fois à la mescaline et à l'amphétamine.

En clinique, il faut donc retenir au moins trois de ces produits : la mescaline provenant du peyotl, la psilocybine provenant des champignons et le L.S.D. 25 provenant de l'ergot de seigle ou d'une synthèse.

II. — Effets psychophysiologiques

Sans être tout à fait semblables, les effets de ces trois produits sont assez voisins pour pouvoir être décrits ensemble. Ils varient beaucoup d'un sujet à l'autre, d'une séance à l'autre, et surtout selon la personnalité du malade. Les doses absorbées ont aussi leur influence.

La *mescaline* n'a jamais été utilisée qu'à titre expérimental. Les doses employées sont de 100 mg d'une solution de chlorhydrate à 5 %, injectée par voie veineuse. Les manifestations apparaissent de 10 à 15 minutes après l'injection. Le cycle complet d'une séance dure de 4 à 12 heures et les troubles et manifestations atteignent leur maximum à la troisième heure.

Les champignons contenant de la *psilocybine* sont mâchés et la dose de l'alcaloïde ainsi ingérée est difficile à préciser.

Quant au *L.S.D. 25*, les doses nécessaires pour provoquer des perturbations sont infimes, de l'ordre du microgramme. Les premiers troubles apparaissent (un quart d'heure à une demi-heure après l'ingestion) avec une dose de 10 μg. La dose moyenne utilisée est de 250 et atteint rarement 500 μg, dose forte.

Tout débute en général par un état de gaieté, de rire, d'expansivité. Bientôt, le sujet entre dans une période qui comporte des altérations des perceptions, et des perturbations affectivo-intellectuelles et du comportement et des effets organiques.

1. **Altérations des perceptions.** — Les hallucinogènes provoquent une hyperesthésie sensorielle qui altère et exalte les perceptions.

a) C'est surtout la *vue* qui est intéressée. Les tableaux qui se présentent aux yeux du sujet sont féeriques, chaotiques, ont des coloris éclatants, présentant parfois des dessins compliqués. Ils défient la description exacte.

Il s'agit d'abord d'illusions visuelles ; les couleurs ont une intensité accrue, celles qui sont ternes deviennent colorées jusqu'à donner une impression de relief : les sujets parlent de bleus et de verts « vénéneux » : une luminosité intense entoure les objets : la plume qui écrit est entourée d'un halo, la lampe semble un « soleil » de feu d'artifice ; la forme et les distances sont perturbées, les reflets et les contrastes s'accusent, les lignes, les contours, les surfaces subissent une distorsion comme une image dans l'eau, les perspectives sont décalées et les intéressés parlent de boursouflement, de grimace, de cabossage, de gondolage, de bosselage, etc. Ces différentes illusions se succèdent rapidement, donnant une impression de mouvements anarchiques.

Elles s'organisent parfois en visions plus complexes de grands dessins ornementaux, délicats, aux couleurs très riches et très brillantes, en scènes plus ou moins naturelles avec des personnages, des objets, le tout pouvant aller jusqu'à des visions oniriques, fabuleuses, insolites, voire des hallucinations.

b) Sur le plan *auditif*, les altérations perceptives sont beaucoup moins fréquentes, d'intensité beaucoup moins grande et peu appréciées des malades.

Il s'agit généralement d'illusions concernant l'intensité ou la localisation des phénomènes sonores.

c) Des *synesthésies sensorielles* permettent à des stimulus visuels de donner une réponse auditive et *vice versa* : un son de flûte est perçu comme une couleur bleu-vert, celui d'un métronome comme des taches grises. Le sujet « voit » le son là où se forment les couleurs. On pense inévitablement au fameux sonnet des voyelles de Rimbaud.

d) Les troubles de la *somatognosie* existent également : le modèle postural et l'expérience subjective du corps sont transformés, les membres paraissent désarticulés, des membres fantômes apparaissent, l'unité et la continuité du corps semblent mises en question.

Une hyperesthésie génitale serait fréquente et particulièrement recherchée de certains adeptes du L.S.D. 25 comme nous le verrons plus loin.

2. **Perturbations affectivo-intellectuelles et du comportement.** — La drogue altère la personnalité, désorganise la conscience, modifie l'état thymique, apporte un véritable bouleversement de l'économie mentale. Trois mécanismes interviennent pour créer ces perturbations : l'action de la drogue, le fléchissement des fonctions de synthèse et, dans certains cas, le refus d'adhésion à l'anarchie perceptive.

Tout se déroule au début dans un climat qui rappelle un peu l'ivresse banale ou le début d'un accès maniaque : l'activité intellectuelle est apparemment accrue, le sujet fait des comparaisons brillantes et ingénieuses, avance des métaphores surprenantes, parle du caractère insolite et ineffable du spectacle enchanteur qui se déroule devant ses yeux ; il parle d'ailleurs d'abondance et on peut noter une ébauche de fuite des idées. Son discours traduit une autoadmiration et une autosatisfaction sans bornes.

En réalité, il y a une véritable dissolution de la conscience d'origine toxique et la pensée débridée n'est qu'une pensée pauvre, recouverte de clinquant : c'est une véritable clownerie psychique

Le sujet qui a pris du L.S.D. 25 conserve une notion correcte de la situation, fait souvent une bonne critique de ses illusions et de ses hallucinations, mais dit qu'il est hors de lui-même, qu'il plane à ses côtés. On voit tout de même déjà s'estomper les fonctions morales supérieures, comme le sens des convenances.

La drogue ne semble pas apparemment entraver le jeu des processus intellectuels : le sujet demeure capable de reconnaître son interlocuteur, de donner une réponse adéquate à une question posée, de conduire un raisonnement logique, d'évoquer correctement un souvenir, de se rappeler et de décrire l'expérience de la veille. En fait, aucune occupation suivie et complexe n'est possible, l'attention se concentre difficilement et le sujet a peine à diriger ses associations. Il y a, en d'autres termes, baisse de la capacité de concentration, d'abstraction et de synthèse.

Les *notions de temps et d'espace* sont perturbées : les durées et les distances sont l'objet d'erreurs d'appréciation, une minute dure une éternité, une vie entière quelques secondes ; les objets pourtant immobiles paraissent successivement proches et lointains : c'est surtout le temps vécu et l'espace vécu qui sont altérés et non pas tellement la notion abstraite qui les mesure.

En ce qui concerne l'*humeur*, elle varie sans cesse et sans retenue soit par exaltation émotionnelle, soit par relâchement des freins intellectuels. Elle passe de l'euphorie à l'anxiété, de l'anxiété à l'impulsivité.

Le tonus affectif général traduit simplement l'exaltation de ce qu'il était avant l'expérience. Mais l'on est frappé de l'indifférence et de l'apathie des sujets devant un spectacle qui est pourtant très surprenant.

Quant au *comportement*, il est caractérisé par l'inertie et le manque de réaction, la sous-activité, la baisse de l'initiative. Si le sujet peut effectuer un parcours en bicyclette, il est incapable de conduire une voiture.

Les *tests* psychologiques n'ont pas donné de résultats très importants. Le Rorschach révèle simplement que « la drogue libère le sujet de quelques entraves et permet à sa personnalité de mieux se projeter en laissant intactes ses structures mentales et affectives » (Jean Delay).

3. **Effets organiques.** — Toutes ces réactions psychiques s'accompagnent le plus souvent de *phénomènes neuro-végétatifs* qui font penser au mal de mer : nausées, éructations, pâleur de la face, sudations, mydriase, tachycardie, sensations lipothymiques, etc. Tous ces malaises sont à leur maximum dans la demi-heure qui suit la prise de drogue et durent dix minutes environ.

L'*électro-encéphalogramme* n'a pas permis d'objectiver les modifications du psychisme. Il révèle tout au plus un syndrome d'hyperexcitabilité corticale.

On peut modifier l'expérience par l'injection de certains produits, notamment des neuroleptiques comme la chlorpromazine qui diminue et fait disparaître les perturbations engendrées par la drogue, tandis que le tracé de l'électro-encéphalogramme se régularise.

Des chercheurs de l'Université de l'Alabama, de l'Institut de technologie du Massachusetts, d'Ecosse et du Canada travaillent à la mise au point d'un antidote du L.S.D. et des produits voisins. Un agent capable de combattre les effets des hallucinogènes chez l'animal aurait déjà été trouvé.

4. L'utilisation médicale et les accidents des hallucinogènes. — Les propriétés remarquables des hallucinogènes ont incité les psychiatres à les utiliser dans le but de provoquer artificiellement certains troubles psychiques afin de les mieux étudier, d'essayer des thérapeutiques nouvelles ou de favoriser l'extériorisation de symptômes psychopathologiques chez des malades jusque-là réticents. C'est ainsi que fut créée l'*oniro-analyse*, dont l'intérêt reste actuellement surtout expérimental.

Par contre, l'emploi sans contrôle de ces produits peut entraîner des *accidents* aigus (coma toxique, état de mal épileptique), des réactions anxieuses provoquant une panique au cours de laquelle certains malades font des fugues, tentent de se suicider. Dans d'autres cas, les fantasmes psychodysleptiques persistent de façon obsédante ou reviennent sans nouvelle absorption de drogue. D'autres fois encore, la drogue prise par un sujet à la personnalité mal structurée, par un psychopathe en état d'équilibre instable entraîne une véritable décompensation et son absorption est suivie du déclenchement d'une psychose à peu près contrôlée jusque-là.

Ces accidents ne sont pas tellement fréquents. Cependant, S. Cohen, dans une enquête faite en 1963, a pu compter, outre un certain nombre d'accidents psychiatriques, six tentatives de suicide dont deux réussies observées par 44 psychiatres au cours de 25 000 expériences faites sur 5 000 sujets, tant avec la mescaline qu'avec le L.S.D. 25. Dans une statistique récente, le *Journal of American Medical Association* (8 août 1966) a pu rassembler 70 cas, observés en 7 mois à Los Angeles, de malades s'adonnant au L.S.D. 25, hospitalisés pendant une période minimum d'un mois pour des troubles allant des hallucinations à la confusion mentale, en passant par l'anxiété, la dépression, les tentatives de suicide et les réactions paranoïaques.

La constatation de lésions chromosomiques trois à quatre fois plus fréquentes dans les leucocytes de malades traités par le L.S.D., permet de penser que les chances d'apparition d'une leucémie, d'un cancer ou d'une tératogenèse sont plus grandes chez les toxicomanes consommateurs de ce produit, bien qu'il y ait des avis divergents.

III. — Le problème médico-social des hallucinogènes

Bien qu'au premier plan de l'actualité journalistique, l'emploi sans contrôle médical des hallucinogènes et notamment du L.S.D. 25 n'a certainement pas, en France, l'extension regrettable qu'il atteint dans d'autres pays, notamment aux Etats-Unis. En fait, en France, c'est un problème mineur auquel une certaine presse a donné une publicité excessive.

Bensoussan distingue trois périodes dans l'histoire de l'emploi de ces produits : une première période scientifique, dont nous avons parlé plus haut, une période mystico-philosophique au cours de laquelle certains sujets s'adonnent à la drogue au nom d'une nouvelle religion assez vague, et enfin une période purement hédonique où, sans contrôle aucun et sans justification apparente, les sujets prennent du L.S.D. 25 pour le seul plaisir d'en prendre.

Le L.S.D. 25 serait facile à synthétiser de façon quasi artisanale à partir de l'acide lysergique, et il est pratiquement impossible d'en contrôler la production et la diffusion sur le plan légal. C'est un produit incolore, inodore et sans saveur, agissant au microgramme, bon marché (en 1967, la ration coûtait environ 5 F) et pouvant par conséquent être facilement dissimulé et diffusé.

Les consommateurs de L.S.D. 25 organisent ce qu'ils appellent, selon les cas, des « voyages », des *acid-parties* ou des « expériences psychédéliques ». Pour Humphrey Osmond, cette « expérience qui fait agir l'esprit » est « la forme non médicale d'usage répété et habituel des substances psychodysleptiques ». Il existe des points de contact et de ralliement qui permettent, parfois à la suite de trajets complexes, laborieux, l'approvisionnement en drogue. Le produit est généralement offert sur un morceau de sucre enveloppé dans un papier d'aluminium ou simplement sur des fragments de buvard que doit mâcher le consommateur.

Les adeptes de cette drogue sont généralement de jeunes intellectuels de 18 à 25 ans, des garçons aussi souvent que des filles. Ils appartiennent à une classe moyenne aisée et leur conduite revêt un aspect de reniement des principes moraux, sociaux et économiques généralement stricts et bien définis qui leur avaient été imposés jusque-là. Mais on rencontre aussi des psychopathes francs ou marginaux et, très souvent, des sujets ayant fait des expériences antérieures avec d'autres drogues ou d'autres toxiques. On compte un nombre important d'apatrides, d'errants, de *beatniks*. Dans l'enquête du *J.A.M.A.* citée plus haut, sur 70 sujets hospitalisés, 24 étaient sans profession, 16 étudiants et 3 artistes.

Ces « voyages » sont organisés par des *sectes* plus ou moins structurées pour lesquelles la prise de L.S.D. 25 ne serait qu'une manifestation extérieure. Cette absorption s'inscrirait en effet dans un dogme, dans une philosophie comportant une initiation, un rituel, etc. Ces groupements sont de véritables contre-sociétés faisant un prosélytisme intense et subtil (comme tous les toxicomanes), sans négliger parfois un certain mercantilisme. Il existe une hiérarchie dans l'initiation et on ne donne généralement pas la drogue lors de la première séance. Il faut que le sujet subisse des explications, une préparation et la première fois qu'il en prend, lors de son premier « voyage », il doit être accompagné par un initié, un « guide », qui l'aide à parcourir les différentes étapes de l'épreuve.

Cette religion a son langage et son vocabulaire propres : le « voyage » c'est l'expérience, le « guide » celui qui conduit le néophyte, la « rentrée » est le retour à l'état normal après la prise de produit. Pendant le voyage, on est « défoncé » par le D (prononcer Di), c'est-à-dire le L.S.D. 25.

Comme toutes les sociétés plus ou moins secrètes ou parallèles, les sectateurs du L.S.D. 25 ont leur code, leur comportement particulier, un aspect extérieur spécial, un folklore et même une musique de type vaguement oriental. Cette religion a même ses hauts lieux, ses martyrs et ses grands-prêtres. Elle exige en principe un engagement total dans lequel la drogue n'est pas toujours indispensable au « voyage ». Il s'agit d'un dogme inspiré d'un orientalisme fou et difficile à pr éciser, essayant de trouver des justifications éthiques ou philosophiques, le plus souvent *a posteriori*, au comportement de ses adeptes.

Certains, aux Etats-Unis, considérant que la consommation du peyotl en Amérique centrale dans les siècles précédents était une véritable religion, exigent parfois les droits reconnus à tous les fidèles d'une religion. Le plus original d'entre eux est Thimothy Leary. Grand-prêtre du L.S.D. 25, Thimothy Leary est un ancien psychologue de l'Université de Californie ayant enseigné à Harvard en 1960. A 39 ans, il goûta pour la première fois aux champignons hallucinogènes à Cuernavaca (Mexique), puis par la suite s'adonna de façon intense à la consommation de ces produits. Il fut alors obligé de quitter l'Université avec son assistant, le Dr Richard Alpert, avec qui il fonda la « Ligue for Spiritual Discovery » au sigle éloquent.

Th. Leary a élaboré ses théories au cours de 311 « voyages » par absorption de L.S.D. 25. Pour lui ce produit n'est pas un toxique, ni une drogue mais un puissant libérateur d'énergie qui provoque une incroyable accélération et une intensification de toutes les perceptions et de l'activité mentale allant jusqu'à l'extase ou la confusion, une libération extraordinaire de toutes les possibilités sensorielles de la vue, de l'ouïe, de l'odorat, du goût, du toucher et une exaltation dans le domaine érotique. Pour cet auteur, la valeur aphrodisiaque du L.S.D. 25, libérant l'énergie sexuelle, serait une des raisons de son succès auprès des étudiants américains.

Il distingue cinq niveaux de conscience dont le premier est le sommeil, le second l'état de vigilance normale, le troisième le niveau obtenu par l'absorption de marijuana, le quatrième, l'état de « conscience cellulaire » obtenu par les psychodysleptiques. Le cinquième est un niveau de conscience « précellulaire » encore plus difficile à atteindre.

Pour Leary, d'ici quinze ans, de brillants jeunes gens qui s'initient en ce moment vont former l'opinion publique et feront abroger les « lois hystériques » votées actuellement et les remplaceront par des lois spéciales organisant la fabrication du L.S.D. et sa distribution en tant que nouvelle forme d'énergie.

Arrêté en 1968, puis en 1972, pour des raisons assez sordides, il fut renié par ses collaborateurs les plus proches, notamment Richard Alpert et par son propre fils qui le traitèrent d'indicateur de police, l'accusant d'avoir collaboré avec la justice en livrant le réseau d'extrême-gauche des Weathermen. Son dernier message public « Ne touchez pas au L.S.D. » filmé dans la prison de Folsom en Californie confirme son reniement. Ses ex-disciples le traitent aussi de paranoïaque et de schizophrène. *Terra II*, brochure éditée en prison, laisse penser que ce diagnostic est exact, par le message délirant qu'il comporte.

Le danger et sa prévention. — Si l'on en croit certains auteurs, l'utilisation non médicale du

L.S.D. 25 présenterait une extension inquiétante puisque quatre millions de personnes auraient, aux Etats-Unis, consommé une fois ou l'autre de ce produit.

Le danger, en France, est beaucoup moins important que ne pourrait le laisser penser une publicité regrettable par la presse et par les ondes. La consommation du L.S.D. 25 n'a guère dépassé certains milieux parisiens ou de la Côte d'Azur, toujours à l'affût de sensations inédites.

Les Pouvoirs publics ne sont pas restés inactifs devant ce danger. S'il n'a pas, en France, atteint une extension qu'il a connue ailleurs, c'est peut-être grâce au fait que, dès 1957, le L.S.D. 25 et le peyotl, puis, en 1960, la psilocybine furent classés parmi les toxiques délivrés uniquement sur ordonnance.

L'Organisation mondiale de la Santé, pour sa part, avait, depuis plusieurs années, insisté sur le danger social de la consommation sans contrôle des médicaments psychotropes et recommandé d'en subordonner l'emploi à des règles comparables à celles qui avaient été prévues pour les stupéfiants placés sous contrôle international. Se conformant à ces recommandations, la France, en vertu d'un arrêté du ministère des Affaires sociales en date du 1er juin 1966, a inscrit au tableau B les psychodysleptiques actuellement connus et ceux qui pourraient être préparés dans l'avenir à partir des matières premières visées dans cet arrêté. La fabrication de ces drogues ainsi que leur importation sont réservées à des entreprises munies d'une autorisation ministérielle spéciale. Les psychiatres désireux de les utiliser devront être titulaires d'une autorisation ministérielle personnelle et les traitements ne pourront être effectués qu'en milieu hospitalier.

Chapitre VI

HYPNOTIQUES, ANESTHÉSIQUES TRANQUILLISANTS ET PRODUITS DIVERS

Le besoin de recourir aux hypnotiques est très ancien, mais une véritable toxicomanie nouvelle est apparue depuis que l'industrie chimique a jeté sur le marché, et à grand renfort de publicité, les hypnotiques synthétiques et les tranquillisants.

Les conditions de la vie moderne, le surmenage et l'anxiété qu'elle impose ont eu pour rançon d'augmenter considérablement les insomnies et de multiplier le nombre de ceux que l'on a appelés les *narcomanes* (Legrain) et les anxieux. L'offre et la demande ont subi une ascension parallèle et presque verticale.

I. — Les hypnotiques

1. **Le chloral.** — Les toxicomanies au chloral sont aujourd'hui exceptionnelles et ont les mêmes caractéristiques que celles dues aux barbituriques avec, peut-être, une note délirante plus accusée.

2. **Les barbituriques.** — L'acide barbiturique ou malonylurée, synthétisé en 1903, a donné le jour, depuis la naissance du phénobarbital (Gardénal N.D.), à un nombre considérable de sels dont 11 sont commercialisés en France en 30 spécialités à visées hypnotiques.

1. *La toxicomanie barbiturique.*

La grande valeur des dérivés de la malonylurée comme hypnotiques est indéniable pour ceux qui se contentent de leur demander l'effet immédiat strictement utile et pendant le temps juste nécessaire. Mais oublier, dormir, est l'aspiration profonde et souvent le cri de détresse de tous les névropathes anxieux, déprimés ou insatisfaits. Cette détresse morale les porte à un usage quotidien et pas toujours justifié de ces hypnotiques, d'où la création d'une toxicomanie, avec son état de besoin.

Déjà en 1913, Vallon et Bessières avaient décrit le *véronalisme* ; ce fut ensuite le tour des nombreuses publications sur le *barbiturisme* : Heuyer et Le Guillant qui ont bien étudié cette toxicomanie barbiturique ont montré que certains sujets qui n'ont en vue, au début, que l'oubli et la détente, commencent à se délecter de cet engourdissement semi-lucide du début du sommeil et du bien-être passif du réveil. Cette double sensation de jouissance physique et psychique les attire et les retient de plus en plus sous le joug de leur toxique.

Dans d'autres circonstances, la toxicomanie barbiturique se présente comme une toxicomanie de substitution à l'occasion du sevrage d'une toxicomanie opiacée.

2. *Les accidents et les manifestations pathologiques du barbiturisme.*

A) *Accidents aigus et subaigus.* — Quand le sujet force la dose, il en résulte un état de torpeur avec ébriété, troubles de l'équilibre, dysarthrie, parfois abolition des réflexes, troubles visuels, subagitation ; ces accidents neurologiques peuvent égarer le diagnostic.

Un degré de plus (dose entre 1 et 4 g) et c'est alors le *coma barbiturique*, coma profond qui, si l'on n'intervient pas, peut entraîner la mort dans un délai de trois jours avec fièvre élevée et accidents pulmonaires aigus.

B) *Accidents chroniques.* — L'usage habituel des barbiturates entraîne des modifications de l'humeur et des troubles du caractère et surtout une irritation particulière contre le conjoint ou l'entourage qui font du toxicomane un véritable « bourreau familial » (Heuyer) ; cette malignité spéciale se double souvent de menaces, de chantage au suicide ; ces surcharges caractérielles peuvent disparaître après le sevrage.

Une note d'agitation spéciale est fréquemment relevée, en particulier dans les états subaigus.

On a signalé de véritables *psychoses barbituriques*, en particulier une *pseudo-paralysie générale* ; les sujets sont ralentis, ont une mémoire défaillante, un jugement affaibli, une parole embarrassée, une démarche incertaine, parfois de petites bouffées délirantes ; on a relevé aussi des états d'excitation de type maniaque et des psychoses de sevrage. Elles sont le plus souvent le fait des barbituriques d'action rapide comme le sécobarbital (Imménoctal N.D.).

C) *Traitement et prophylaxie.* — Trop de praticiens méconnaissent encore les dangers de l'usage des hypnotiques, le risque d'accoutumance et l'évolution fréquente vers la toxicomanie. Il faut être très prudent dans leur prescription. La majorité des cliniciens est d'accord pour en rejeter l'emploi chez les insomniaques et leur préférer les benzodiazépines hypnotiques.

Le sevrage lui-même ne comporte guère de risques,

sauf une insomnie assez tenace qu'il faut surtout ne pas combattre par d'autres hypnotiques barbituriques pour ne pas créer une toxicomanie de substitution. Le dimenhydrinate (Dramamine N.D.) faciliterait le sevrage, selon Stein et collaborateurs. Les récidives sont malheureusement, comme pour toutes les toxicomanies, assez fréquentes.

Une réglementation de la vente des barbiturates, qui n'existait pas au début, est heureusement intervenue pour réduire, sans l'abolir toutefois, cette source toxique.

3. **Autres hypnotiques.** — D'autres hypnotiques, appartenant à des familles chimiques différentes comme le mécloqualone (Nubarène N.D.) et le méthaqualone entrant dans la composition de certains hypnotiques (Mandrax N.D., Divinoctal N.D.) ont été utilisés par les toxicomanes à des doses de 600 mg environ, quatre fois supérieures aux doses thérapeutiques pour obtenir une « défonce » douce. Dans d'autres cas, l'étiquette « non barbiturique » fut responsable du succès, puis de la dépendance de ces médications qui ont, pour cette raison, été inscrites au tableau B en 1974.

II. — Les tranquillisants

Ces médicaments se sont substitués aux sédatifs de l'ancienne pharmacopée : bromures, barbiturates, dont l'action sédative se doublait souvent d'une action hypnotique.

Il semble bien qu'ils aient une action élective sur le symptôme anxieux des surmenés et des névrosés ; ils ont surtout une action sédative sur le système neuro-végétatif, redonnent la confiance et la maîtrise de leur comportement à ceux qui en usent, c'est pourquoi ils ont été diffusés dans le public à grand renfort de publicité, aux Etats-Unis en particulier, sous le nom de « pilules du bonheur ». J. Marks (Cambridge) estime en 1981 que 10 à 15 % de la population adulte de l'Europe occidentale et 15 à 20 % de celle des Etats-Unis (soit environ 30 à 40 millions de personnes adultes) utilisent ces produits ; avec un taux annuel de croissance de 2 %.

A titre de comparaison on notait en 1974 l'utilisation de :

alcool	94	millions	de personnes
tabac	67	—	—
marijuana	13	—	—
hallucinogènes........	1	—	—
différents psychotropes (en dehors d'une prescription médicale) ..	2	—	—

Le nombre de ces médications tranquillisantes s'accroît chaque jour. Elles appartiennent à des groupes chimiques fort différents.

Les neuroleptiques, que les Anglo-Saxons appellent tranquillisants « majeurs » n'engendrent pas de toxicomanies. Les tranquillisants « mineurs » sont légion mais la famille des *benzodiazépines* qui s'accroît chaque jour s'est taillé une place de choix parmi eux. Il en existe, en 1981, 67 dont 14 sont commercialisées en France, soit comme tranquillisants (10), soit comme hypnotiques (4). D'autres produits comme les carbamates, les dérivés des alcools et des pipérazines sont également utilisés comme tranquillisants.

Il ne semble pas que ces produits aient pu induire des toxicomanies réelles. Ils ont pu retenir la faveur de certains toxicomanes et alcooliques qui leur demandent de les sosutraire à l'emprise tyrannique de la drogue ou de l'alcool grâce à leurs effets anxiolytiques.

Toutefois, leur action élective sur le symptôme anxiété des névrosés et des surmenés risque de créer une véritable dépendance, au moins psychique chez ces sujets à la personnalité généralement faible et mal structurée. Pris sans contrôle et en toute occasion, ces médicaments peuvent être dangereux : ils émoussent les réflexes et peuvent provoquer des accidents physiques. De plus, certaines publications américaines font état de phénomène de tolérance et d'autres de syndromes délirants de sevrage lors de la suspension brusque de doses presque toujours excessives et longtemps prolongées.

III. — Les anesthésiques

Il y a un siècle, la toxicomanie à l'*éther* (éthéromanie) put faire figure de fléau social, notamment en Irlande où l'on comptait, en 1855, un débit d'éther pour 23 habitants dans la ville de Draperstown. L'éther était consommé par petits verres, seul ou associé à d'autres boissons, notamment de l'alcool.

Mais il s'inhale également, et Guy de Maupassant qui en fit usage contre ses migraines a bien décrit cette griserie dans ses nouvelles *Sur l'eau*.

Cette toxicomanie n'a guère intéressé que quelques milieux pervertis, quelques dilettantes, toujours prêts à essayer un toxique nouveau.

L'ivresse éthérique vient rapidement et se dissipe de même. Le réveil laisse une certaine lassitude et surtout une saveur désagréable. G. de Clérambault (1910), Margerot ont signalé la possibilité d'accidents convulsifs, d'accès impulsifs, de délires hallucinatoires analogues au *delirium tremens*. L'éthérisme chronique se traduit par une instabilité psychomotrice marquée, de l'anxiété, un érotisme pervers, une déchéance éthique et, chez les buveurs d'éther, une gastrite avec anorexie et cachexie.

L'éthéromanie, sans revêtir un caractère épidémique, a recruté de nouveaux adeptes ces dernières années. Stevenin, Deniker, Delteil et leurs collaborateurs en ont rapporté quelques cas, notamment chez des toxicomanes aux opiacés pour atténuer les signes de manque. L'inhalation demande un demi à un litre par jour, l'ingestion environ 100 ml, quelques sujets ont même recours à la voie intraveineuse. C'est une toxicomanie difficile à déceler et qui reste souvent cachée. La dépendance psychique est habituelle, mais l'accoutumance physique plus rare.

La *phencyclidine* (P.C.P. ou « poussière d'ange ») montra en 1960 des propriétés anesthésiques au laboratoire. On renonça à son emploi clinique chez l'homme, car elle déclenchait des syndromes de type schizophrénique. Mais elle continua à être utilisée en médecine vétérinaire, ce qui permit aux drogués de s'en procurer.

Les toxicomanes la prisent ou la fument, souvent en association. Ils se sentent alors affranchis de la pesanteur, de la douleur et nantis d'une force décuplée entraînant violences, suicides et auto-mutilations. La répression de son trafic a pris le pas sur celle de l'héroïne aux Etats-Unis (7 millions de jeunes Américains touchés en 1979). Elle a fait son apparition en France au cours de l'année 1980. On peut la détecter dans les urines pendant les 72 heures qui suivent son absorption.

Le dernier en date de ces produits est le *fentanyl*, apparu sur le marché de Rotterdam dans le courant de l'année 1981. C'est également un anesthésique. Connu aux Etats-Unis sous le nom d'entozamine (ou *china white*), il provoque un « flash » foudroyant. Il ne semble pas, pour l'instant, avoir atteint la France.

IV. — Produits divers

De très nombreux médicaments ont été essayés par les toxicomanes, qu'il serait fastidieux d'énumérer.

Citons toutefois le *trihexyphénidyle* (Artane N.D.), antiparkinsonien de synthèse. Il provoque des états confusionnels chez les sujets jeunes. Pascalis a souligné la fréquence des tentatives de suicide chez ces drogués. Le produit est volontiers associé à l'alcool.

Le *pyrovalérone* (Thymergix N.D.), médication tonique a servi, par voie intraveineuse, de succédané aux opiacés ou aux amphétamines chez des toxicomanes privés de leur drogue, sans toutefois, semble-t-il, qu'il se soit créé de dépendance physique.

Chapitre VII

LES AMPHÉTAMINES

Les amphétamines appelées aussi amines psychotoniques ou psychamines peuvent être classées en deux groupes : les *amphétamines sympathicomimétiques*, seules ou en association (Ortédrine, Maxiton, Tonedron, Corydrane, Psychoglutal, Kinortine, tous N.D.) ont été retirés de la circulation en France, mais n'en sont pas pour autant inaccessibles, à l'étranger, pour les toxicomanes ; d'autre part les *anorexigènes* ou « coupe-faim », encore nombreux, bien que plusieurs d'entre eux aient été supprimés ; leur chef de file est la *phenmétrazine* (Préludine N.D.). Les prospectus vantent leur efficacité et leur innocuité, bien que tous soient susceptibles d'engendrer une toxicomanie chez certains sujets.

Leur action, qui porte électivement sur les centres diencéphaliques (J. Delay), se traduit au point de vue physique par un accroissement de l'activité neuromusculaire, avec relèvement de la pression artérielle et de l'amplitude respiratoire, une suspension du sommeil ; et au point de vue psychique par une exaltation nette de l'activité intellectuelle ; l'esprit plus alerte et plus vif recule les limites de la fatigue. Le sujet a l'impression d'une énergie renforcée, d'une attention et d'une puissance de travail accrues.

Aussi les médicaments de cette série ont-ils rapidement connu une grande faveur chez les sujets à la recherche du « coup de fouet », du « doping » nerveux. Beaucoup de surmenés des affaires ou de la politique leur demandaient un secours répété ; à la veille des examens et des concours, nombre d'étudiants l'utilisaient et certains sportifs y recouraient avant leurs compétitions. Au cours de la dernière guerre, ces produits ont été utilisés par les armées en campagne avec grand succès, pour combattre la fatigue physique ou intellectuelle et lutter contre le sommeil. Signalons aussi que certaines femmes en usaient inconsidérément pour maigrir ou « garder la ligne », les amphétamines supprimant la sensation de faim. Les amphétamines ont été prescrites pour le traitement de certaines formes d'hyperactivité chez l'enfant. On a pu se demander si de tels enfants ne risquaient pas de devenir plus tard des amphétaminomanes. M. W. Laufer, dans une enquête faite en 1970 sur 66 enfants et adolescents ainsi traités pendant des périodes allant jusqu'à 5 ans, n'a trouvé aucune preuve de conséquences défavorables permanentes.

Ceux qui usent de ces comprimés se laissent facilement gagner à la main ; pour un certain nombre d'entre eux, c'est une véritable toxicomanie qui s'installe avec la tendance à l'augmentation des doses et « l'état de besoin ». De nombreux toxicomanes écrasent les comprimés, les diluent et se les injectent dans les veines.

Quand la dose arrive à 10 cg par jour, on observe de l'anorexie, de l'amaigrissement, de l'insomnie, de l'excitation psychomotrice avec confusion et délire hallucinatoire.

La phenmétrazine, utilisée comme adjuvant lors des cures d'amaigrissement, est douée d'un effet stimulant et euphorisant incontestable. J. Evans rapporte 12 observations où une véritable toxicomanie provoquée par cette médication a entraîné un syndrome psychique caractérisé par de l'agitation, des troubles de l'humeur, des illusions et des hallucinations, sans obscurcissement de la conscience. Les anorexigènes ne doivent être utilisés qu'avec beaucoup de réserve et sous contrôle médical attentif.

On a souligné l'allure assez caractéristique des troubles psychiques qu'entraîne l'intoxication habituelle ou intermittente par les amphétamines. Le sujet présente en général des *réactions de type paranoïde* : il se sent épié, critiqué, dévalorisé, un complot se trame autour de lui, entraînant des réactions anxieuses ou dépressives assez importantes pour entraîner des tentatives de suicide. Ces troubles cèdent assez vite lors de l'arrêt de l'intoxication pour réapparaître dès sa reprise.

Les amphétamines stimulent les tissus lymphoïdes et plusieurs équipes de chercheurs ont signalé en1974 la fréquence nettement plus élevée de consommation antérieure d'amphétamines chez 100 sujets hodgkiniens comparés à 100 sujets d'un groupe de contrôle (19 contre 3).

La phenmétrazine est tellement en faveur en Suède qu'on a pu parler, dès 1966, d'épidémie sérieuse.

Le Dr Nils Bejerot, psychiatre suédois, poussait un cri d'alarme en 1970. Selon lui, les amphétaminomanes suédois, au nombre de 200 à Stockholm en 1954, étaient 1 000 en 1960, 4 000 en 1965 et plus de 10 000 en 1968. La toxicomanie s'étend, touchant la Finlande et la Norvège, « où des intoxiqués expulsés de Suède ont transmis l'infection ».

Le Dr Martens (Stockholm) signale que l'habitué écrase, dilue et injecte les comprimés à des doses de 1 500 mg, développant une remarquable tolérance pour des médicaments tels que la phenmétrazine. Il est habituel que de telles doses soient répétées environ 4 à 5 fois par jour. Typiquement, les médicaments pris de cette façon déclenchent une euphorie, une hyperactivité confinant à la manie, une sensation de puissance et un manque complet de jugement, une grande stimulation de l'activité sexuelle, une tendance paranoïaque, une agressivité et une activité délictuelles.

La plupart des victimes sont des hommes de 20 à 30 ans. Ils aboutissent facilement au crime, mais leur seul but est d'avoir de l'argent pour acheter la drogue. Presque toutes les femmes atteintes se prostituent.

Tice et Spooner, aux Etats-Unis, ont noté en 1970 que le méthysergide, antagoniste de la sérotinine, administré 30 minutes avant les amphétamines, modifiait profondément le syndrome habituel. Ils pensent que des recherches ultérieures permettront de l'utiliser comme antidote dans les cas de surdosage ou de toxicomanie par ces produits.

Chapitre VIII

L'ALCOOL (ALCOOLOMANIE)

Si la place qui lui est réservée dans cet ouvrage devait être proportionnelle à l'importance que revêt la *toxicomanie alcoolique*, les autres toxicomanies n'auraient pu occuper que quelques pages. La toxicomanie alcoolique soulève l'énorme problème de l'*alcoolisme* qui constitue un des fléaux sociaux les plus importants et ne peut être traité ici dans son ensemble. Nous laisserons de côté toutes ses incidences économiques et toutes ses répercussions sociales ; nous ne l'envisagerons que sur le terrain individuel et simplement dans sa perspective toxicomaniaque.

L'alcoolisme n'est pas, comme on l'a dit quelquefois, une maladie contemporaine. Le goût du vin et autres boissons fermentées remonte à la plus haute Antiquité. Un auteur américain, Miles, rapportait que le tribut ramassé par un des premiers pharaons d'Egypte, au cours d'une expédition, comprenait 470 jarres de miel et 6 428 jarres de vin — et il ajoutait mélancoliquement qu'il y a toujours plus de jarres de vin que de jarres de miel.

Les inconvénients des abus alcooliques n'étaient pas non plus ignorés du prophète Mahomet qui crut devoir interdire dans le Coran l'usage des boissons fermentées à ses fidèles.

Mais il faut bien reconnaître que, du jour où l'on se mit à fabriquer des alcools de distillation, cette intoxication qui n'existait, pourrait-on dire, qu'à l'état sporadique et que beaucoup de peuples ignoraient, prit une extension considérable.

I. — Quelques chiffres

Quelques chiffres permettront de mesurer l'ampleur du problème de l'alcoolisme en France. Ils ont été fournis officiellement par le ministère de la Santé publique en 1980. Bien que la consommation d'alcool pur par tête d'habitant ait diminué de 5 l en vingt ans, elle atteignait 16 l en 1977, ce qui place encore la France en tête de la consommation mondiale. Si la consommation du vin a diminué, passant de 177 l par tête d'habitant en 1959 à 95 l en 1977, celle de la bière augmentait de 5 % chaque année. Mais surtout la consommation d'alcools forts a progressé dans de fortes proportions avec un record pour les apéritifs anisés et pour le whisky. On estime que notre pays compte 2 000 000 d'alcooliques et 3 000 000 de buveurs excessifs. En 1976, 41 327 admissions en hôpitaux psychiatriques avaient pour cause l'alcoolisme. La mortalité par alcoolisme (*delirium tremens*, polynévrite, cirrhose du foie) a été de 19 947 décès en 1977, soit un taux de 37,6 pour 100 000 habitants. Mais ce chiffre ne rend pas compte de tous les décès dus directement ou indirectement à l'alcoolisme (accidents de la route, suicides, homicides, affections aggravées par l'alcoolisme, notamment affections gastro-entérologiques, cardio-vasculaires, neurologiques). Si l'on tient compte de toutes ces incidences, la mortalité réelle due à l'alcoolisme serait de 40 000 décès par an.

II. — L'alcool et les boissons alcooliques

Rappelons d'abord que le principal élément toxique des boissons alcooliques est leur teneur en *alcool éthylique* et le degré de dilution de cet alcool. C'est l'alcool éthylique qui est le dénominateur commun de toutes les boissons alcoolisées (Joffroy et Serveaux), qu'elles soient fermentées ou distillées. Il s'y ajoute, dans certains cas, des alcools supérieurs, des esters, des aldéhydes qui donnent le « bouquet », ou des essences à effets plus nocifs et plus variés (anis, absinthe).

Le *vin* n'a pas toujours l'innocuité que trop de gens lui prêtent encore. On a fixé, un peu empiriquement, à 1/2 l par jour pour les gens sédentaires et 1 l pour les travailleurs de force, la dose à ne pas dépasser en mangeant. Les vins dits « de table » titrent de 7° à 14°. Les vins dits « de liqueur » et apéritifs à base de vin titrent de 15° à 25°. Un litre de vin courant à 10° contient donc 100 ml d'alcool pur. Les doses de 3 à 4 l par jour ont été couramment signalées chez les ouvriers des ports de l'Ouest et chez les vendangeurs du Midi.

Les *bières* dites « basses » titrent 2° d'alcool ; les bières « hautes », de 5° à 9° ; on les suralcoolise encore un peu pour l'exportation. Les *cidres* et *poirés* titrent de 2° à 6° à l'ordinaire ; mais certains, plus sucrés, vont jusqu'à 10°. Les *apéritifs* ont une haute teneur en alcool, de 27° à 40° pour les bitters et amers, 45° pour les anisettes, pastis, absinthes et whiskys. Les *cocktails* sont des mixtures de degré variable, à action particulièrement violente. Les *eaux-de-vie* et *liqueurs*, produits de distillation, clandestins (bouilleurs de cru) ou patentés (spiritueux), sont toutes de haute teneur alcoolique (de 35° à 75°).

III. — Les facteurs de l'alcoolomanie

Le danger est moins grave pour le *buveur d'occasion*, qui peut parfois s'enivrer, que pour le *buveur d'habitude*, qu'on ne voit jamais ivre, mais qui prépare à bas bruit ses défaillances et sa déchéance.

Deux ordres de facteurs interviennent pour réaliser l'alcoolomanie : des tendances personnelles d'une part, des facteurs sociaux d'autre part. Il semble, en certains pays du moins, que ces derniers (préjugés de l'époque, suggestions du milieu) aient un rôle plus important que les tendances spontanées du sujet. Cela soulève le double problème de la *prédisposition* et de l'*occasion*.

1. La prédisposition. — On a beaucoup insisté, comme pour toutes les toxicomanies en général, sur le facteur prédisposition. Les études psychologiques entreprises en divers pays sur la personnalité de l'alcoolique aboutissent à cette conclusion que ces sujets présentent toujours de la faiblesse morale, peu de caractère, souvent du déséquilibre, de l'inadaptabilité sociale, des troubles de la sexualité, et très souvent un état asthénique. Tous les hommes ne sont pas égaux devant l'alcool et la tolérance individuelle peut varier dans des proportions importantes.

Des recherches récentes ont essayé de répondre au problème de l'*aspect génétique* de l'alcoolisme. J. Adès et F. Rouillon, dans une étude parue en 1981 concluent qu'il existe un facteur génétique prédisposant à l'alcoolisme, mais qui ne doit pas faire pour autant sous-estimer le rôle de l'environnement. Il s'agirait d'ailleurs plutôt de facteurs intermédiaires favorisant secondairement la dépendance alcoolique.

Un mot sur la *dipsomanie* ; ce terme, dont on abuse trop souvent, surtout dans les plaidoiries d'avocats, ne s'applique qu'à une catégorie très limitée et assez rare, du reste, de prédisposés. Ce sont des sujets obsédés, saisis *par périodes* d'un besoin irrésistible de boire de fortes doses d'alcool, conscients et parfois honteux de leur infirmité quand la crise est passée.

2. **L'occasion** (entraînement, milieu, imitation). — Les éléments de prédisposition individuelle sont à retenir surtout dans les pays où l'alcoolisme est, en quelque sorte, clairsemé ; mais dans ceux où la marée alcoolique a submergé une grande partie de la population des deux sexes, il cède la première place aux facteurs occasionnels. Il faut bien reconnaître que, dans ces cas, c'est beaucoup plus par entraînement que par prédisposition que l'on devient alcoolomane. Ici la toxicomanie est secondaire ; elle est créée surtout par une habitude acquise.

Des circonstances de milieu, de profession ou de métier, l'imitation, un amour-propre mal placé, parfois même une certaine fanfaronnade jouent un rôle prépondérant pour la création des habitudes toxiques.

Cette contagion collective est grandement exploitée par la puissance politique et économique des magnats de l'alcool, des viticulteurs et des débitants de boissons qui ont non seulement entravé ou fait lever les mesures législatives de barrage, mais ont créé dans le pays, à coup de slogans publicitaires, un climat psychologique essentiellement favorable à l'intoxication des masses : théorie de l'alcool-aliment, mystique du vin qui donne santé et force, coutume des apéritifs et des cocktails dans les réceptions, même officielles, etc.

Pour illustrer ces influences extrinsèques et trop souvent intéressées, rappelons que la France produit de 60 à 80 millions d'hectolitres de vin par an, qu'il y a 588 000 bars ou débits de boissons, dont le luxe tapageur attire une clientèle qui, souvent, fuit le taudis où elle est réduite à se loger, qu'il y a plus de 3 millions de bouilleurs de cru distillant en moyenne 10 litres d'alcool pur chacun, que l'industrie des apéritifs et des spiritueux connaît une prospérité inouïe et réalise des bénéfices « scandaleux » que l'Académie des Sciences morales et politiques avait dénoncés aux Pouvoirs publics dès 1939. On voit donc que tout se conjure pour aggraver la tentation et l'occasion.

L'alcoolomanie peut en définitive se réaliser de deux manières : l'une chez des sujets prédisposés, l'autre chez des sujets normaux. Dans le premier cas, les accidents seront précoces, complexes, à évolution progressive (Deshaies) ; dans le second, ils seront tardifs, simples, à évolution lente.

IV. — L'alcool et l'organisme

L'alcool ingéré passe rapidement dans le sang où on le décèle au bout d'une demi-heure, pour atteindre son taux maximal au bout d'une heure et ne décroître que lentement en vingt-quatre heures. C'est sur cette donnée — due à Nicloux (1896) — que repose le *dosage de l'alcool dans le sang*, test d'une grande valeur dans la pratique médico-légale. La partie qui n'aura pas été comburée va porter son action nocive sur l'ensemble de l'organisme, mais avec électivité sur le tube digestif, le foie, le système nerveux. Toutes les atteintes du tube digestif et de ses annexes accentuent la carence en vitamines du type B1 et PP et les troubles du métabolisme ; les synergies vitamino-sucrées ne peuvent plus s'exercer correctement pour la nutrition (Lecocq et Bruel), d'où la fréquence des polynévrites et des syndromes pellagroïdes. Quant au mécanisme intime d'action sur la cellule nerveuse, il reste incomplètement élucidé.

Le passage à la chronicité se fait en plusieurs étapes. D'abord par un essai de défense de l'organisme, par l'exaltation des fonctions antitoxiques du foie dont témoignent l'hyperadrénalinémie, l'hyperglycémie, l'état d'acidose, le déséquilibre neuro-végétatif. Puis l'hyposensibilité cellulaire permet aux neurones un relèvement des seuils de tolérance, ce qui provoque un appel croissant d'alcool pour refaire l'équilibre fonctionnel, d'où *accoutumance* et *état de besoin*. Et pour compléter ce schéma du cycle toxique, on verra apparaître, à l'occasion d'un sevrage brusque et inopiné, la réaction dite de sevrage, commandée par un grand désarroi des centres neuro-végétatifs diencéphaliques, pouvant aller jusqu'au tableau du *delirium tremens*.

Le dépistage biologique de l'alcoolisme chronique fait aujourd'hui appel au dosage de la gamma-glutamyl-transpeptidase plasmatique (gamma G.T.) et à la mesure du volume globulaire moyen des globules rouges (V.G.M.). La première ne doit pas dépasser 40 μ et la seconde 95 μ^3.

Au bout d'un certain temps de désordres purement fonctionnels, vont apparaître des lésions réactionnelles du tissu nerveux, du foie et des autres organes (cirrhose, encéphalopathies dites carentielles, syndrome de Korsakoff, paralysie, épilepsie, démence, coma hépatique).

Tous ces accidents sont du domaine de la pathologie et nous ne faisons que les signaler ici. Nous les avons traités dans d'autres ouvrages (1).

Des études plus précises sur l'action particulière de l'alcool sur les fonctions psychiques ont éta-

(1) Ant. Porot et coll., *Manuel alphabétique de psychiatrie*, 5e éd., Paris, Presses Universitaires de France édit., 1975. Ant. Porot et Ch. Bardenat, *Anormaux et malades mentaux devant la justice pénale*, Paris, Maloine édit., 1959.

bli que si l'alcool donne une exaltation passagère du courant des idées et de l'imagination, c'est au détriment du pouvoir d'attention et de réflexion.

On a fait grand état, à un moment donné, de la valeur alimentaire de l'alcool. Il est certain qu'une petite portion d'alcool ingérée peut être comburée dans l'organisme ; Maurel l'avait fixée à 32 g par jour pour un homme de 65 kg travaillant au grand air. Un gramme d'alcool peut fournir 7 calories ; mais au-delà du seuil de tolérance, l'alcool n'est plus brûlé et reprend tous ses effets nocifs. Cette théorie de l'alcool-aliment, cyniquement exploitée par les tenants d'alcool, doit donc être réduite à sa juste valeur ; Attwater et Benedict, dont les expériences avaient servi de base de départ à une publicité tapageuse, avaient eux-mêmes conclu : « L'alcool est un aliment ; oui, mais c'est un mauvais, c'est un détestable aliment. »

V. — Les conséquences individuelles de l'alcoolisme

Il y a une période de tolérance apparente, que l'on a appelée *alcoolisme latent* et aussi *période d'imbibition*, qui peut durer un certain nombre d'années et pendant laquelle le sujet, qu'on ne voit jamais ivre, garde une certaine façade, une certaine activité professionnelle, mais n'en prépare pas moins, à bas bruit, toute une série d'insuffisances et de déficiences organiques ou fonctionnelles. Des troubles de la nutrition, variables avec chaque sujet, s'installent sournoisement, soit dans le sens de la pléthore, de l'obésité, soit dans le sens contraire d'un amaigrissement particulier. C'est à ce moment qu'on peut commencer à déceler les classiques *stigmates* de l'alcoolisme chronique : tremblements, dysarthries, algies diverses, crampes dans les mollets, cauchemars nocturnes, troubles digestifs, anorexie et pituite. Parfois le sujet présente déjà un certain ralentissement, de vagues céphalées, une fatigabilité anormale ; il se plaint de son impuissance sexuelle, développe des thèmes hypocondriaques. Un médecin avisé peut déjà donner à cette apparence névrotique sa véritable signification toxique.

Au bout d'un certain temps, le sujet commence à présenter des signes de dégradation morale et intellectuelle ; la servitude toxique a fait disparaître chez l'alcoolique toute énergie et même tout amour-propre ; il devient indifférent à son vice et sourit niaisement quand on le dénonce ; il boit « comme tout le monde », dit-il pour son excuse. La dégradation psychique se fait sentir surtout dans la sphère morale et affective. On a pu dire que le sens moral était soluble dans l'alcool. Les troubles de l'humeur et du caractère ne tardent pas à apparaître : explosions subites de colère et de jalousie, discussions banales tournant vite au tragique, scènes de violences injustifiées, sévices sur les enfants, cynique abandon de famille. On est tout à coup surpris d'apprendre une histoire d'indélicatesse, d'attentat aux mœurs ; le travail devient irrégulier, l'instabilité des emplois trahit le mauvais rendement professionnel. Chez la *femme*, les troubles de l'humeur et du caractère, l'inconduite dénoncent l'intoxication ; chez celle qui ne sort guère mais qui souvent boit clandestinement, cet alcoolisme, plus fréquent qu'on ne le croit, se cache et se contient dans des manifestations qui apparaissent sous forme d'attaques hystériformes ou cataleptoïdes, plus rarement de petites bouffées délirantes.

VI. — Le traitement de l'alcoolisme

La meilleure définition de l'alcoolisme a été donnée par Fouquet : *la perte de la liberté de s'abstenir d'alcool.*

Le vieil adage populaire « qui a bu, boira » exprime bien l'inanité des conseils ou prescriptions que l'on peut prodiguer à un alcoolique et la quasi-fatalité des rechutes lorsqu'un accident de santé ou un épisode judiciaire lui ont imposé un sevrage forcé à l'hôpital ou à la prison. C'est qu'à côté des détériorations organiques, parfois réparables, il y a l'apathie indifférente, la dissolution plus ou moins profonde de la volonté qui, si elles ne sont pas complètement irréversibles, demanderont de longs mois de psychothérapie en vue d'une réadaptation possible. Certains pays l'ont compris, qui ont créé, avec une législation particulière permettant la collocation des alcooliques pour un temps prolongé, des établissements spécialisés appelés « Asiles de buveurs » ou « Maisons de cure » ; une psychothérapie prolongée et la thérapeutique collective par des occupations disciplinées tendent à resocialiser ces épaves de l'alcoolisme ; on y a signalé après des séjours prolongés des guérisons confirmées dans une proportion de 30 à 60 %.

En France, on n'a prise sur l'alcoolique que lorsque ses réactions antisociales ou son délire provoquent l'internement, ou quand une condamnation judiciaire lui impose la prison pour un temps.

Notons que certains services d'hôpitaux psychiatriques avaient déjà en fait des sections d'alcooliques, mais les sujets qui s'y trouvaient étaient généralement fort dégradés.

Depuis longtemps, on a essayé de faire perdre l'usage de la boisson aux alcooliques en provoquant chez eux le dégoût par l'ingestion ou injection de substances nauséeuses (apomorphine, cyanamide) *(cures de dégoût)*. Cette association répétée un certain nombre de jours consécutifs créerait un véritable réflexe conditionnel que l'on s'applique à fixer pour consolider la guérison.

J. Hold et E. Jacobsen ont proposé une substance, le *disulfirame*, spécialisé sous des noms divers (Antabus, Espéral N.D.), dont l'emploi connaît une grande faveur aujourd'hui dans tous les pays. Ce traitement s'adresse surtout aux sujets désireux de se débarrasser de leurs habitudes toxiques mais incapables de résister à la tentation.

Après préparation générale de quelques jours (alitement, strychno et vitaminothérapie), on donne tous les jours au malade le médicament *per os* et, quelques jours après, on lui fait boire sa boisson alcoolique habituelle ; il se produit alors une réaction congestive violente et très pénible de la tête et de la partie supérieure du thorax, avec nausées, vomissements, tendances lipothymiques. L'expérience est renouvelée plusieurs fois. De tels traitements exigent l'hospitalisation librement consentie du malade, qui reste ensuite sous le coup de cet « internement chimique » (Jacobsen).

Une loi du 15 avril 1954 vise les *alcooliques dangereux*, la loi de 1838 s'étant avérée insuffisante. Elle comporte 16 articles faisant une large place aux avis médicaux. Cette loi ne supprime pas celle de 1838, mais précise que l'internement peut être suivi d'un placement dans un centre ou une section de rééducation pour alcooliques, après examen de l'intéressé dans un dispensaire spécial et avis d'une Commission médicale.

Partant du principe que c'est toujours à la volonté du buveur qu'il faut faire appel, et que, si elle est isolée elle est vouée à l'échec, des clubs d'anciens buveurs guéris, adaptation française des « Anonymous Alcoholics » des Etats-Unis, ont vu le jour sous des appellations diverses. Les membres de ces ligues, très agissants, attirent des buveurs au service spécial, les encouragent pendant leur traitement et les surveillent ensuite tout le temps nécessaire pour éviter qu'ils retombent dans le milieu où ils se sont intoxiqués et qui les guette à la sortie. Voilà bien un exemple de psychothérapie collective et de réadaptation qui mérite tous les encouragements.

CHAPITRE IX

LE TABAC

I. — Considérations générales et historiques

Rien ne souligne mieux l'importance considérable de l'imitation dans la création d'habitudes toxicomaniaques que l'exemple du tabac si universellement répandu aujourd'hui et dont l'extension n'a fait que s'accroître : les malaises de la première cigarette sont vite balayés par l'amour-propre chez le jeune adolescent qui veut faire « comme les grands ».

Le tabac, originaire d'Amérique, fut importé en 1518 dans la péninsule ibérique par un missionnaire espagnol. L'ambassadeur de France au Portugal, Jean Nicot, le cultivait dans son jardin et usait de ses feuilles râpées pour combattre ses migraines ; il le proposa à Catherine de Médicis qui souffrait des mêmes maux et elle en fut soulagée ; un tel parrainage fit la fortune du tabac et l'on vit bientôt sa décoction en lavement prônée comme une panacée. Mais une série de catastrophes mortelles fit tomber cet enthousiasme thérapeutique. Le succès du tabac prisé se poursuivit cependant et devint une mode répandue d'abord dans une clientèle choisie, qui avait ses râpes et ses tabatières.

Le XVIIe siècle vit l'apparition de la pipe et l'usage du tabac fumé. Rien ne pouvait désormais enrayer sa fortune grandissante. C'est en 1811 que Napoléon créa le monopole en France, institution qui ne fit que se consolider et procurer de substantiels revenus à l'Etat.

En 1973, 18 millions de fumeurs français (82 % des Français et 32 % des Françaises) ont consommé 72 milliards de cigarettes, 1,17 milliard de cigares et cigarillos et 10 millions de kg de tabac à fumer.

Un grand fumeur réduit de moitié ses chances de vivre au-delà de 65 ans.

II. — La toxicité du tabac

1. Les produits toxiques. — Le tabac est une plante qui appartient au genre *Nicotiana* de la famille des Solanées. Il y en a de nombreuses variétés propres à chaque pays. La feuille du tabac, desséchée et fermentée, se roule, se pulvérise, se hache suivant que l'on veut faire des cigares, du tabac à priser ou du tabac pour la pipe ou la cigarette. On arrive à donner des arômes et des attraits différents en mélangeant diverses espèces ou en ajoutant d'autres substances (chanvre, opium).

Son principe actif, la *nicotine*, fut isolé en 1809 par Vauquelin. La teneur en nicotine varie avec chaque espèce ; le tabac français en contient de 1 à 10 % suivant la région productrice ; certains tabacs d'Orient sont très pauvres : à peine 0,5 %. La fermentation a pour effet d'abaisser la teneur ; aussi le tabac à priser qui subit une double fermentation n'en contient-il que 2 %.

La nicotine est un poison d'une extrême violence comparable à celle de l'acide cyanhydrique.

La dose mortelle pour l'homme serait de 2 à 16 cg (Schroff). Il fut un temps où l'on croyait que le danger du tabac venait moins de la nicotine que de certains des 1 400 produits de sa combustion : pyridines, acide prussique, nicotéine, formol et oxyde de carbone. Les physiologistes ont fait justice de ces assertions (Fleig, Tournade et ses élèves). A côté de la nicotine, il faut faire une place spéciale aux carbures polycycliques et à l'oxyde de carbone.

2. Les modalités de l'intoxication. — Le fumeur de cigares ou de cigarettes (90 %) dont la fumée arrive directement dans la bouche et les voies respiratoires est le plus exposé à l'inhalation de produits toxiques, surtout s'il avale la fumée (60 % des fumeurs) ; la pipe rigide est à peine moins dangereuse ; seules les pipes à réservoir ou les narghilés retiennent par barbotage une partie de la fumée toxique.

Le « chiqueur », contrairement à ce qu'on pourrait croire *a priori*, est moins exposé à l'intoxication pour plusieurs raisons : la quantité de tabac mastiqué est moindre ; les jets de salive rejettent la plus grande partie du liquide toxique ; enfin, la paroi digestive et le foie opposent une barrière d'arrêt importante, tandis que l'épithélium pulmonaire du fumeur est très perméable (Bernot).

Mentionnons enfin la fréquence relative d'accidents par inhalation chez les ouvriers et ouvrières travaillant dans les manufactures.

III. — Manifestations pathologiques de l'intoxication tabagique

Rappelons les malaises si classiques de la première cigarette : état nauséeux, vomissements, vertiges, céphalées, durant plusieurs heures.

Il est difficile de fixer le seuil de l'intoxication chronique par le tabac, de dire à partir de quelle dose son usage devient habituel et nocif. C'est affaire de tempérament et de tolérance individuels ; cela dépend aussi des conditions dans lesquelles le sujet s'intoxique ordinairement ; s'il fume à l'air libre, s'il n'avale pas la fumée, il supportera bien mieux son poison qu'un sédentaire qui respire, dans sa chambre ou son bureau, ou bien dans de longues stations au café, d'épais nuages de fumée. Un non-fumeur obligé de respirer une atmosphère tabagique absorbe involontairement 25 % de ce que le fumeur inhale.

Il existe une surmortalité des fumeurs : Fréour estime que, à 25 ans, un fumeur risque de perdre 8 ans de son espérance de vie.

Le tabac fait chaque année trois fois plus de morts que les accidents de la route. Il est responsable de l'immense majorité des 20 000 cancers du poumon, de plus de la moitié des 60 000 morts par bronchite chronique, du quart des infarctus du myocarde. Il joue un rôle également dans l'apparition des cancers du larynx, des lèvres, de la cavité buccale, de l'œsophage, de la vessie, participe à l'artérite des membres inférieurs, à l'ulcère gastroduodénal, à l'asthme, à la thrombose et, enfin, il est nuisible au fœtus.

Sur le système nerveux, le tabac agit soit par les troubles circulatoires qu'il provoque (vertiges, congestion, éclipses cérébrales), soit par son action directe et élective sur les cellules nerveuses, bien établie expérimentalement ; on lui doit aussi des baisses particulières de la vision (amblyopie nicotinique curable, névrite optique alcoolo-tabagique).

Le tabagisme est riche en petits troubles et en petits désordres psychiques dont les conséquences sur le rendement individuel et l'activité sociale sont parfois assez sensibles. Beaucoup d'intellectuels, d'écrivains, de savants ou même de simples artisans ne peuvent bien réaliser leur mise en train ou leur continuité d'effort qu'à l'aide de leur cigarette ou de leur pipe ; il ne faut pas y voir une action stimulante directe sur le cerveau, mais simplement le jeu de réflexes conditionnels ayant créé un comportement habituel et un véritable état de besoin. L'action nocive du tabac, sur l'attention, la mémoire, l'orientation, a eu sa preuve expérimentale (P. Mathieu et L. Merklen, Binet et Zmafir, Jonnard et Maire).

On ne voit plus aujourd'hui les grandes altérations de la santé que l'on avait décrites autrefois chez les ouvriers ou ouvrières des manufactures de tabac et que l'hygiène industrielle a fait disparaître.

Toutefois, le retentissement sur l'état général se fait sentir chez les vieux fumeurs qui, souvent, par ailleurs, y ajoutent d'autres fautes d'hygiène critiquables : sédentarisme, suralimentation, alcoolisme.

Il paraît bien établi que les adolescents qui fument précocement et exagérément subissent un retard du développement manifeste (Decaisne). Ces données cliniques sont confirmées par les expériences de certains auteurs sur les animaux en croissance (Rochon et Perrin, Guillain et Gy, Fleig).

Rappelons aussi qu'Etienne de Nancy avait signalé chez les ouvrières de manufactures de tabac une mortalité infantile double de la moyenne.

IV. — Déductions pratiques

On ne saurait attendre une réglementation dans l'usage du tabac, tant l'habitude en est diffusée et tant sont importantes les ressources qu'en tirent les Etats par les monopoles. Cependant de vigoureuses campagnes aux Etats-Unis puis en Grande-Bretagne, menées depuis 1970, interdisent la publicité en faveur du tabac à la radio et à la télévision, imposent l'obligation de mentionner que le tabac est dangereux pour la santé sur les paquets de cigarettes. En France, la loi du 9 juillet 1976, dite « loi Simone Veil », a suscité, sur le plan national une grande campagne contre le tabagisme. Elle a obtenu des résultats, puisque la consommation de tabac, qui augmente de 5 % par an dans le monde, n'a augmenté en France que de 2,6 % depuis la promulgation de cette loi. Toutefois, on ne peut que s'étonner de voir le même gouvernement retirer des profits substantiels des droits sur la vente des tabacs (2,5 % du budget annuel de l'Etat), tout en en condamnant l'usage. Le résultat le plus net de cette campagne est la démystification de l'image du fumeur chez les jeunes de 10 à 17 ans : 48 % des fumeurs et 68 % des non-fumeurs pensent qu'un fumeur est une personne sans volonté qui s'intoxique par faiblesse.

1. **Ceux qui ne doivent pas fumer.** — Il faut interdire le tabac :

1° Aux enfants et aux adolescents dont la croissance peut souffrir et qui ont besoin de toute leur vigueur intellectuelle pour leur instruction ;

2° Aux sujets atteints d'affections respiratoires, de dyspepsie et surtout de troubles de l'appareil circulatoire ou dont les vaisseaux périphériques sont fragiles ;

3° Aux femmes enceintes et aux nourrices, le poison nicotinique passant dans le sang et la sécrétion lactée.

2. **Conseils aux fumeurs.** — Eviter la condensation de la fumée dans la pièce où l'on séjourne ou travaille ; éviter d'avaler la fumée et de fumer à jeun. L'usage si répandu des fume-cigares ou fume-cigarettes, des pipes à long tuyau, amortit un peu l'arrivée de la nicotine dans les voies respiratoires. Bernot a montré que le meilleur filtre d'arrêt des particules toxiques était un petit tampon de coton hydrophile dans un fume-cigarettes un peu long à condi-

tion toutefois de changer ce tampon après quatre ou cinq cigarettes. La nicotine est bien plus facilement retenue par des procédés physiques de filtration que par des réactions chimiques destructives. Actuellement on vend des cigarettes à bouts filtrants qui ne retiennent que 20 à 30 % des produits irritants (goudrons, nicotine).

Quant au tabac dit « dénicotinisé », l'expérimentation physiologique a montré qu'il gardait encore un certain pouvoir toxique (Lesueur, Guillain, Bernot).

Quand le *sevrage* s'impose pour une raison médicale, il doit être immédiat et radical, car la diminution progressive arrive rarement au zéro et est presque toujours suivie d'une remontée. Ce sevrage est parfois dur à obtenir, tant est grande la tyrannie de l'habitude ; le tabac agit trop souvent encore comme un poison de la volonté ; c'est à elle pourtant que reste le dernier mot, elle ne capitule généralement qu'à la dernière extrémité et encore ne le fait-elle pas toujours.

Différentes méthodes ont été proposées pour faciliter le sevrage. Les unes sont médicamenteuses : modifications du goût du tabac (Pastaba), action substitutive de la nicotine sur le système nerveux (Lobatox, Paranico, Nicoprive, cigarettes « sans tabac »), action sur les troubles du sevrage (Tabarène, Valerbé, anabasine), homéopathie (Tabacum 5 CH).

L'acupuncture, l'auriculothérapie, le fil dans l'oreille ont leurs partisans ainsi que les différents types de psychothérapie, l'hypnose et même les processus d'aversion comme les chocs électriques sur le bras du sujet en train de fumer (Ejrup, de Stockholm).

CHAPITRE X

LE CAFÉ ET LE THÉ

Caféisme et théisme

L'usage habituel du café et du thé, à doses modérées, est inoffensif ; il est même parfois utile par la légère excitation cérébrale et l'euphorie que leur ingestion produit. Mais leur abus est incontestablement nocif, et crée, chez certains sujets, une habitude tyrannique et parfois des désordres toxiques de l'organisme qui permettent de les ranger dans les toxicomanies mineures. Il a pu même, en certains pays et dans certaines conditions, créer un véritable fléau social.

I. — Le café

1. Historique. — Le café est constitué par les semences de *Caffea arabica*, plante originaire d'Abyssinie. Mais sa culture s'est énormément répandue au Brésil et dans les pays africains.

La décoction de café cru est une boisson insignifiante. La grande découverte a été sa torréfaction, qui développe tout son arôme, par production d'une essence spéciale, le *caféol* ou *caféone*. On l'utilise broyé dans un moulin spécial ou pilé dans un mortier (à la turque), ce dernier mode, disait Brillat-Savarin, donnant le meilleur café.

Consommé couramment en Arabie dès le IXe siècle, il fut introduit en Europe et en France par l'ambassadeur de la

Sublime Porte, au XVIIe siècle. Il ne fut pas accueilli d'abord sans quelque méfiance et Mme de Sévigné écrivait à sa fille qui en usait : « La force que vous croyez que le café vous donne n'est qu'un faux bien... Il est à craindre que vous ne vous en aperceviez trop tard. » Malgré ces réserves, il connut rapidement une grande faveur, et conquit au XVIIIe siècle une clientèle d'élite : Voltaire, Buffon, Fontenelle ; ce dernier, mort presque centenaire, répondait à ceux qui le mettaient en garde contre son usage : « Si c'est un poison, c'est un poison bien lent. » Balzac en usait copieusement au cours de ses longues nuits de production littéraire.

Le XIXe siècle a vu son usage se populariser, gagner les milieux ouvriers et paysans ; les femmes surtout ont sacrifié à cette coutume et beaucoup, depuis, en boivent à longueur de journée ; le bol, dans bien des cas, a remplacé la tasse et la plupart mettent leur orgueil à le faire très fort ; certaines arrivent à en boire jusqu'à huit à dix fois par jour. On a vu fleurir le caféisme surtout dans certaines professions (cuisinières, blanchisseuses), dans certaines régions (centres miniers) et l'on a pu dire que le caféisme était l'alcoolisme de la femme.

Aussi a-t-on vu surgir, dès le milieu du XIXe siècle, un certain nombre d'accidents morbides, dénoncés dans des observations et publications médicales et en divers pays : Guelliot de Reims, Gilles de La Tourette et Gasne, Combemale et Bouret, Boucard, Bomby, Gouget, Martin en France, Mendel en Westphalie, Norman Brige aux Etats-Unis.

En 1905, les plus grands consommateurs de café étaient les Hollandais et les Belges, qui en absorbaient alors respectivement 9 et 6 kg par an et par tête d'habitant, les Américains, 5 à 6 kg, les Allemands, 3 kg. La France n'arrivait ensuite qu'avec un peu plus de 2 kg par tête.

On sait la place que le café tient dans les pays d'Islam ; le *kaoua* se consomme au café maure comme le « canon » au bistrot français ; mais la capacité minuscule des tasses que l'on ne renouvelle guère au cours des longues stations préserve cette clientèle des accidents du caféisme.

2. Action physiologique sur l'organisme et le psychisme. — Le principe actif du café est surtout la *caféine*, dérivé de la xanthine, appartenant à la série des purines. Sa proportion est de 0,75 à 1,50 %. On estime la teneur moyenne en caféine d'une tasse de café de 0,10 g à 0,30 g (Hugounencq).

Nous avons dit que la torréfaction y ajoutait une essence aromatique, le *caféol* ou *caféone*, qui, pour certains auteurs, jouerait un grand rôle physiologique et éventuellement toxique. Mais d'autres pensent que son action est à peu près nulle et purement aromatique.

A dose faible, la caféine excite le système nerveux ; à doses plus fortes, elle excite le système musculaire et les contractions cardiaques tout en abaissant la tension artérielle.

Elle augmente l'élimination d'urée et de phosphore. On ne saurait donc considérer cette boisson comme un « aliment d'épargne » puisqu'elle exagère les pertes ; c'est au contraire, à fortes doses, un agent d'usure pour les réserves. Elle n'a aucune valeur alimentaire, en dehors du sucre qu'on y ajoute.

On s'explique bien la nocivité possible de son excès car elle agit sur l'estomac, diminue l'action de la pepsine par le tannin qu'elle contient, ralentissant ainsi la digestion.

Tout le système des fibres lisses est sensible à son action ; le café stimule l'intestin, contracte les fibres utérines (d'où sa réputation abortive), excite les voies urinaires.

Au point de vue psychique, le café, à dose modérée, exalte particulièrement la vivacité d'esprit, et d'une façon générale la productivité intellectuelle ; mais son abus entraîne un épuisement cérébral momentané, nécessitant l'augmentation des doses, si l'on n'apporte pas le repos compensateur. On sait par ailleurs que le café entraîne facilement de l'insomnie.

On conçoit que la rançon de ces abus de café chez les intellectuels, avec le prélèvement qu'il entraîne sur les heures de repos nocturne, puisse aboutir au surmenage avec toutes ses conséquences.

3. Manifestations pathologiques du caféisme. — A. *Accidents aigus.* — Chez un sujet qui n'y est pas habitué, une ou deux tasses de café donnent une excitation générale avec parfois palpitations et tremblements, insomnie, tous malaises qui se dissipent au bout de huit à douze heures.

On a même signalé dans quelques cas une véritable *ivresse caféique* pouvant aller jusqu'à l'hallucination et au délire.

B. *Intoxication chronique.* — Elle suppose une accoutumance et l'augmentation des doses par un véritable état de besoin toxicomaniaque.

Elle se rencontre le plus souvent chez la femme d'âge moyen, parfois au moment de la période critique, et se traduit par une série de désordres : des *troubles nerveux* (céphalées, douleurs des membres, tremblement menu des extrémités, prurit, états vertigineux, mauvais sommeil avec cauchemars et visions très particulières d'*ombres* et d'*images noires*), des *troubles psychiques* peuvent apparaître : modification du caractère, ralentissement de l'activité pragmatique, accès maniformes, parfois véritables états délirants et hallucinatoires (Heuyer et Borel, Privat de Fortunié) ; ces troubles psychiques disparaissent en quelques semaines après sevrage quand il n'y a pas de tares préexistantes révélées et exaltées par l'intoxication caféique.

Dans certaines familles qui donnent du café aux jeunes enfants, on a pu voir chez ces derniers des accès de *terreurs nocturnes* que la rectification du régime fait rapidement disparaître.

Des *troubles digestifs* (perte de l'appétit, alternance de diarrhée et de constipation), des *troubles circulatoires* (palpitations, instabilité de la tension artérielle) s'ajoutent souvent aux troubles nerveux.

L'abus du café entraîne chez certains sujets une véritable anaphrodisie. On a signalé chez quelques malades de l'amaigrissement et parfois un véritable état cachectique.

L'association de l'alcoolisme au caféisme n'est pas rare ; elle précipite l'apparition des désordres.

II. — Le thé

1. **Historique.** — Originaire d'Extrême-Orient, où sa production ne se ralentit pas, cultivé largement aussi aux Indes, le thé a fait une concurrence sérieuse au café ; il a une clientèle fidèle en Angleterre, en Hollande, en Amérique.

Les Chinois consomment les feuilles de thé depuis le IVe siècle de notre ère. Ils en faisaient alors des confiseries avec riz, sel, épices, peaux d'oranges, usage qui s'est répandu chez les Thibétains et les Mongols d'où il aurait gagné la Russie. Ce n'est qu'au XIVe siècle qu'on aboutit au breuvage pur.

2. **Préparation et action physiologique.** — Il existe dans le commerce deux sortes de thé : le *thé vert* et le *thé noir* qui diffèrent l'un de l'autre par le degré de fermentation auquel sont soumises les feuilles (Perrot).

Le thé est préparé soit par *infusion*, soit par *décoction*, et nous verrons plus loin la différence de nocivité suivant la couleur du thé et le mode de préparation.

Le thé contient de la *théine* (2 % dans le thé noir, 5 % dans le thé vert), isomère de la caféine et qui possède les mêmes propriétés physiologiques. Mais le thé noir, par suite de sa fermentation prolongée, contient d'autres produits toxiques infiniment plus nocifs. L'action du thé sur l'organisme est en tous points comparable à celle du café.

3. **Manifestations pathologiques du théisme.** — Elles peuvent être aiguës ou chroniques et sont superposables à celles du caféisme.

Le théisme chronique a été décrit en Amérique par Morton, en 1879, chez les dégustateurs de thé, puis chez les grands buveurs par Balard, Eloy, Wood, King, Lander-Brunton. Il existe enfin une cachexie théique dont la Tunisie a fourni des exemples assez démonstratifs.

4. **Le théisme nord-africain.** — Depuis quelques années, le thé tend, dans la population indigène de l'Afrique du Nord, à supplanter le café.

Vers 1900 s'est répandu au Maroc l'usage du *thé à la menthe* préparé par *infusion* ; il est devenu rapidement la boisson nationale. Les mouvements de tribus à la frontière ont diffusé la coutume dans le sud-est de l'Algérie. Mais la majeure partie de l'Algérie reste fidèle au café.

Un peu plus tard, au moment de la guerre italo-turque (1911-1912), des réfugiés tripolitains ont introduit dans le Sud tunisien l'usage de la *décoction* de thé noir préparé suivant un rite spécial que le Dr Gobert de Tunis a bien décrit.

On se réunit le soir en famille ou entre voisins ; 100 g de thé noir sont mis au fond d'une bouilloire remplie d'eau, et après ébullition de quelques instants, le breuvage est versé dans un autre récipient contenant du sucre ; on passe ce breuvage à la ronde ; pendant ce temps, une nouvelle provision d'eau est reportée à ébullition pour faire un nouveau breuvage ; l'opération est répétée plusieurs fois jusqu'à ce que la masse de thé arrive, après épuisement, à former un magma sirupeux et noirâtre. Ces opérations souvent recommencées avec une nouvelle provision de thé se terminent fort avant dans la nuit et le sujet part à son travail vite terrassé par l'épuisement et la stupeur. Ces absorptions de thé remplacent souvent toute autre alimentation et les maigres salaires de l'ouvrier sont employés à acheter du sucre et du thé.

Les Pouvoirs publics s'alarmèrent en raison des répercussions économiques graves de cette situation et d'une criminalité accrue. Au cours de réunions communes nord-africaines, les autorités et le corps médical marocains signalèrent que rien de semblable n'existait dans l'Empire chérifien où l'on ne consomme que du thé vert, à dose modérée et en simple infusion.

Le Dr Edmond Sergent (1), directeur de l'Institut Pasteur d'Alger, par des expériences précises sur des lots de cobayes soumis les uns au régime du thé vert, les autres du thé noir, soit en infusion, soit en décoction, confirma de façon péremptoire la nocivité plus grande du thé noir par rapport au thé vert et de la décoction par rapport à l'infusion.

III. — Déductions pratiques

De tout cela, il résulte que l'usage modéré du café et du thé, boissons agréables et parfois utiles, n'est pas critiquable, mais que leur abus seul est condamnable. On les range parfois dans les boissons dites« hygiéniques». Encore faut-il se rappeler, comme on l'a dit, qu'« il n'y a pas de boisson hygiénique en soi ; ce qui est hygiénique c'est la dose».

Toutefois, il convient de n'en pas donner aux enfants et de les interdire aux sujets d'une réactivité nerveuse trop vive ou d'un équilibre circulatoire instable. Lorsque, par prescription médicale, leur emploi doit être arrêté, le sevrage chez les grands consommateurs s'accompagne de quelques malaises, en particulier de céphalées assez vives pendant deux ou trois jours, mais qui cèdent rapidement. Au surplus, l'usage s'est répandu des cafés« décaféinés».

Rappelons en terminant que certaines grandes firmes préparent des poudres de café dont les unes sont très actives et les autres, décaféinées, beaucoup moins nocives.

(1) *Archives de l'Institut Pasteur d'Alger*, décembre 1941.

TROISIÈME PARTIE

LA PROTECTION SOCIALE CONTRE LES TOXICOMANIES

Ce que nous avons dit dans notre revue des toxicomanies montre le grand intérêt de ce problème au point de vue social, et l'on comprend les préoccupations nationales et internationales qu'il a suscitées, devant un péril qui, en certains pays, prenait figure de véritable fléau social.

La lutte entreprise par la S.D.N. entre les deux guerres, ainsi que la suspension du trafic commercial entre les belligérants de 1939 à 1945, ont amené un brusque fléchissement des ravages causés par certaines toxicomanies, et, si l'on peut encore parler de fléau social pour l'alcoolisme, cette qualification peut paraître excessive en ce qui concerne les stupéfiants dont l'usage est assez bien contenu aujourd'hui. Mais la vigilance ne doit pas être relâchée, tant dans les organismes internationaux que nationaux chargés de la surveillance et du contrôle.

Comme l'alcoolisme, nous l'avons dit, sort du cadre de cette étude, comme, d'autre part, certaines petites toxicomanies, familières et anodines (tabac, café, thé) ne peuvent être réglementées, nous ne nous occuperons ici que des stupéfiants, qu'ils soient d'origine naturelle ou synthétique, et nous envisagerons la lutte prophylactique sur les deux plans, international et national.

Chapitre Premier

LA SURVEILLANCE ET LA LUTTE SUR LE PLAN INTERNATIONAL

La prophylaxie des toxicomanies se trouverait simplifiée si elle n'avait à faire face qu'à un trafic clandestin et unanimement réprouvé. Mais il n'est besoin que de rappeler l'extension de la culture et la valeur commerciale des matières premières de la toxicomanie, comme la coca, l'opium, le chanvre, la vigne, etc., pour comprendre certaines réticences nationales à une loi commune ; ces réticences s'appuient sur des nécessités budgétaires, et sur la protection de certains intérêts économiques importants dont nous avons donné quelques exemples.

D'autre part, l'utilité thérapeutique de produits irremplaçables le plus souvent empêche de stériliser les sources de matières premières : le *marché licite* ne peut disparaître ; c'est seulement la juste évaluation des besoins licites mondiaux qui permettra de limiter la production de ces matières premières ; c'est là une des tâches permanentes des organismes internationaux de contrôle. Le trafic illicite est une conséquence, d'une part de la position géographique précise et limitée des pays producteurs, et d'autre part de la dispersion mondiale des consommateurs ; d'où la nécessité pour la drogue d'échapper à la surveillance des frontières.

Nous envisagerons successivement : les organisations de contrôle et de lutte, leurs activités pour l'établissement des besoins licites et le contrôle du trafic illicite.

I. — Organismes internationaux et conventions internationales

De consultations entre Etats sont issues les premières Conventions internationales :

1. Les premiers contacts internationaux. — Du *Congrès international de Shanghaï* réuni en 1909, à la demande des Etats-Unis, ne sortirent guère que des vœux platoniques.

C'est à la *Conférence de La Haye* en 1912 que fut rédigée la première Convention internationale de l'Opium, signée actuellement par 60 Etats. Elle oblige les parties contractantes à assurer dans chaque pays le contrôle de la production, de l'importation et de l'exportation d'opium brut.

2. La Société des Nations. Nouvelles conventions internationales. — Après la guerre de 1914-1918, la Société des Nations (S.D.N.) eut la charge du contrôle international des Stupéfiants et créa à cet effet une *Commission consultative de l'Opium et autres drogues nuisibles.* Elle promulgua plusieurs autres conventions.

La *Convention internationale de Genève* de 1925 impose aux pays signataires des engagements stricts de contrôle intérieur et l'établissement de statistiques relatives à la production, la fabrication, la consommation, les stocks, l'importation et l'exportation.

La *Convention internationale de Genève* de 1931 établit le principe de l'évaluation des besoins en drogues et matières premières, évaluations soumises à l'approbation d'un organe de contrôle.

La « Commission consultative du Trafic de l'opium et autres drogues nuisibles » a poursuivi pendant vingt-cinq ans une œuvre méritoire, rassemblé de multiples renseignements apportés par les délégués de nombreux pays (certains d'entre eux, comme le Japon, qui ne faisaient plus partie de la S.D.N., ont continué à envoyer leurs délégués à cette Commission). Un rapport annuel substantiel résumait ses travaux suspendus par la guerre en 1939.

3. L'Organisation des Nations Unies. — Un protocole signé à Lake Success, le 11 décembre 1946, transférait à l'O.N.U. les obligations assurées précédemment par la S.D.N.

A l'O.N.U., la *Commission des Stupéfiants* succéda à l'ancienne Commission consultative de l'Opium de la S.D.N. Elle poursuivit l'œuvre de cette dernière avec le concours administratif de la « division des stupéfiants » et le concours médical et technique de l'Organisation mondiale de la Santé (O.M.S.).

4. Le contrôle international des stupéfiants. — Nous empruntons à M. Ch. Vaille, qui les a fort bien synthétisées, l'essentiel des notions concernant le contrôle international des stupéfiants en 1975.

a / Les *conventions.* — La base légale actuelle de l'action internationale relève des traités suivants :

— Le *protocole du 23 juin 1953* visant à limiter et à réglementer la culture du pavot ainsi que la production, le commerce international et l'emploi de l'opium.

— La *convention unique du 30 mars 1961* sur les stupéfiants à laquelle la France a adhéré le 19 février 1969 ; cette convention, insuffisante, a fait l'objet d'amendements sous forme d'un protocole signé le 25 mars 1972.

— La *convention sur les substances psychotropes du 21 février 1971*, ayant été ratifiée par 40 des 97 Etats qui étaient représentés à la Conférence, est entrée en vigueur au mois d'août 1975. Cette convention renforce les contrôles internationaux sur la production, la fabrication et le commerce des stupéfiants, réclame une collaboration étroite entre les gouvernements, et insiste sur l'importance du rôle des organismes internationaux dans la campagne contre les toxicomanies. Il prévoit également que les Etats qui y ont adhéré doivent assurer aux toxicomanes un traitement et des services de réadaptation au lieu, ou en plus, de sanctions pénales.

En 1970, par exemple, elle a durci sa position à l'égard des drogues dites « bénignes » telles que le chanvre indien. Un plan de 5 000 000 de dollars pour une action mondiale contre l'abus de drogues a été étudié. Il comprend la création, dans les « régions clés », de centres de formation de policiers et de douaniers spécialisés dans ce problème (Genève).

b / *Les institutions originaires des Nations Unies ou des traités.*

— La *Commission des Stupéfiants* constitue une des commissions sociales du Conseil économique et social des Nations Unies et prépare le travail technique relevant de l'exécutif ou du législatif de ce Conseil. Elle se réunit tous les deux ans et présente un rapport au Conseil. Pour les aider dans leur tâche, la Commission et le Conseil disposent d'un service administratif permanent directement rattaché au secrétariat général de l'O.N.U., la Division des Stupéfiants.

— L'*Organe international du Contrôle des Stupéfiants*, créé par les conventions, a des pouvoirs semi-judiciaires et veille à l'application desdites conventions. Il est composé de membres indépendants des gouvernements siégeant à titre personnel et disposant d'un secrétariat dont l'autonomie est assurée par les Nations Unies.

— L'O.M.S. désigne des *Comités d'experts* chargés d'étudier les aspects scientifiques et médicaux des stupéfiants.

c / *Autres institutions.* — D'autres organisations officielles internationales se sont occupées également des problèmes de toxicomanies : Communauté européenne, Conseil de l'Europe, Unesco, Interpol, Conseil de Coopération douanière, etc.

d / *Rôle de l'O.M.S.* — Elle représente actuellement 130 pays et réunit chaque année un comité d'experts des problèmes des toxicomanies qui apportent leurs services à titre personnel et non en qualité de représentants des gouvernements. Ce *Comité O.M.S. d'experts de la pharmaco-dépendance* publie des rapports collectifs. Ses activités ont été multiples et fort utiles. Il a contribué, par exemple, à définir les attributions constitutionnelles de l'O.M.S. en matière de stupéfiants, à préciser une dénomination commune internationale des stupéfiants et à en établir une liste multilingue, à définir les toxicomanies, problème extrêmement complexe.

En 1969, il a défini la pharmacodépendance comme étant un état psychique et quelquefois également physique résultant de l'interaction entre un organisme vivant et un médicament, se caractérisant par des modifications du comportement et par d'autres réactions, qui comprennent toujours une pulsion à prendre le médicament de façon continue ou périodique afin de retrouver ses effets psychiques et quelquefois d'éviter le malaise de la privation. Cet état peut s'accompagner ou non de tolérance. Un même individu peut être dépendant de plusieurs médicaments.

Le diagnostic, l'étiologie, les recherches de laboratoire, la thérapeutique, la prévention, la réglementation, l'information, le dépistage, la réadaptation, ont également fait l'objet de travaux importants de ce Comité d'experts.

Une convention internationale sur les substances psychotropes est entrée en vigueur le 16 août 1976. Elle classe les substances susceptibles de donner lieu à des abus en quatre tableaux : le premier comporte essentiellement les hallucinogènes, le cannabis ; le second les amphétamines et produits voisins ; le troisième surtout certains barbituriques ; et le dernier des psychotropes divers, des drogues dont l'abus a moins de répercussion sur le comportement public et social.

II. — Les procédés de contrebande

Le plus important trafic se fait par les bateaux (navigateurs, gens du bord alléchés par de gros bénéfices) ; d'importantes compagnies de navigation ont mis des commissaires spéciaux sur les grands transatlantiques, pour éviter les amendes très lourdes dont elles étaient frappées, en cas de découverte ; la surveillance des équipages est renforcée au départ, à l'arrivée et pendant les escales dans les ports ; il existe une police spéciale des ports, dont les agents sont fréquemment interchangés. La voie ferrée est souvent utilisée et le personnel des wagons-lits dans les trains balkaniques a été plusieurs fois pris en faute. Les avions des grandes lignes ont actuellement, dans nombre de cas, pris la place des paquebots pour ce trafic illicite. On a aussi utilisé les avions pour laisser tomber des colis de drogue en un point convenu du terrain, un peu avant l'atterrissage ; l'Amérique a même organisé des avions policiers de contrôle sur sa frontière mexicaine.

Ajoutons que la Commission des Stupéfiants de l'O.N.U., lors de sa session de 1952, a préconisé l'établissement d'une liste des navigateurs trafiquants, maritimes ou aériens, « liste noire » qui serait communiquée aux diverses compagnies de transport, ainsi qu'aux syndicats des personnels navigants.

Tous les camouflages sont employés : colis à double fond, fausses déclarations, comme celles d'un envoi de poches à glace, bourrées de poudre d'héroïne.

C'est sous forme de « morphine-base » que la drogue est le plus souvent achetée aux producteurs par les trafiquants internationaux. Ces derniers se chargent de sa conversion en chlorhydrate et en héroïne dans leurs laboratoires, cette opération d'un prix de revient peu élevé ne nécessitant qu'un matériel de fortune à leur portée. Ils s'adjoignent dans ce but des chimistes. On considère que les quantités saisies dans tous les pays devraient être multipliées par dix pour donner une idée du trafic illicite dans le monde.

Les reportages, les livres et plus encore les films sont innombrables qui traitent du problème du trafic de la drogue de façon plus ou moins authentique. La *French connection* a eu son heure de succès et, depuis son démantèlement, l'intérêt s'est porté sur le « triangle d'or » d'Extrême-Orient avant, sans doute, de revenir vers l'Europe, aux Pays-Bas et notamment vers le port d'Amsterdam qui est en passe de reprendre le flambeau marseillais du trafic illicite.

CHAPITRE II

LA RÉGLEMENTATION FRANÇAISE

I. — Lois, décrets et règlements

L'action prophylactique avait déjà précédé, en France, la réglementation internationale dans ses applications : loi pénale du 19 juillet 1845. — loi du 12 juillet 1916 et décret du 14 septembre 1916. — décret du 20 mars 1930 (application de la Convention internationale de Genève de 1925). — décret du 21 novembre 1933. — décrets du 19 novembre 1937 et du 28 août 1945.

Tous les textes précédents ont été abrogés et leurs éléments refondus dans le *Règlement d'Administration publique* du *19 novembre 1948*, plus abordable dans sa rédaction.

Voici les principales dispositions de l'article 49 de ce règlement en ce qui concerne les prescriptions médicales :

— interdiction de prescrire des substances stupéfiantes en nature ;
— nécessité d'ordonnances tirées d'un *carnet à souches* ; ce carnet doit être utilisé pour toutes les préparations inscrites au tableau B (préparations injectables, laudanum), et aussi pour les prescriptions du médecin pour usage professionnel ;
— nécessité de faire figurer sur l'ordonnance les nom, adresse et signature du médecin, la date de la prescription, le mode d'emploi, les nom et adresse du bénéficiaire, les doses des substances et le nombre d'unités thérapeutiques, en toutes lettres ;
— règle des sept jours : la prescription ne doit indiquer que les doses nécessaires pour une semaine.

La coordination des divers organismes sur le plan administratif est réalisée par une *Commission interministérielle* où sont représentés les différents départements ministériels intéressés et dont sont membres des savants français qualifiés dans le domaine des stupéfiants.

La Commission interministérielle de 1949 a prohibé l'usage et la fabrication de nouveaux stupéfiants synthétiques qui ne marqueraient pas un progrès réel sur la morphine, dans le domaine thérapeutique. Rappelons aussi que l'Académie de Médecine consultée au sujet de la suppression définitive de l'héroïne a donné un avis favorable à son maintien qu'elle juge opportun pour certains cas pathologiques.

II. — Le ravitaillement des toxicomanes en France

Il se faisait autrefois, jusqu'au décret de 1948, d'une façon relativement facile dans les pharmacies à l'aide d'ordonnances multiples (un toxicomane de la région lyonnaise avait pu ainsi se procurer des ordonnances de 29 médecins différents) ou de fausses ordonnances, ou encore d'ordonnances irrégulières. Il pouvait atteindre des quantités importantes puisqu'un sondage opéré à Nice avait établi qu'une toxicomane consommait, à elle seule, plus de stupéfiants que tous les autres malades de la ville réunis. Mais ce mode de ravitaillement, grâce à la rigueur de l'Inspection des Pharmacies, a considérablement diminué de 1946 à 1949. Aussi le toxicomane a-t-il dû se rabattre sur le marché clandestin devenu lui-même très contrôlé.

III. — Situation du toxicomane

La loi n° 70-1320 du 31 décembre 1970, parue au *J.O.* du 3 janvier 1971, a modifié profondément le livre III du Code de la Santé publique. Elle édicte de nouvelles « mesures sanitaires de lutte contre la toxicomanie et pour la répression du trafic et de l'usage illicite des substances vénéneuses ».

Elle prévoit tout d'abord que toute personne usant d'une façon illicite d'une substance ou plante classées comme stupéfiants est placée sous la surveillance de l'autorité sanitaire. Chaque fois que le procureur de la République aura enjoint à une telle personne de suivre une cure de désintoxication ou de se placer sous surveillance médicale, il en informera l'autorité sanitaire compétente. Celle-ci fera procéder à un examen médical et à une enquête sur la vie familiale, professionnelle et sociale de l'intéressé.

S'il apparaît alors que la personne est intoxiquée, l'autorité sanitaire lui enjoindra de se présenter dans un établissement agréé choisi par l'intéressé, ou à défaut, désigné d'office, pour suivre une cure de désintoxication. L'autorité sanitaire contrôlera le déroulement du traitement et informera régulièrement le parquet de la situation médicale et sociale de la personne.

Si au contraire, après examen médical, il apparaît qu'une cure de désintoxication n'est pas nécessaire, l'autorité sanitaire lui enjoindra toutefois de se placer tout le temps nécessaire sous surveillance médicale. Elle surveillera, sur le vu de certificats régulièrement fournis, le déroulement du traitement.

Dans les deux éventualités, en cas d'interruption du traitement ou de la surveillance médicale, l'autorité sanitaire préviendra le parquet.

Si, enfin, le toxicomane se présente spontanément dans un dispensaire ou dans un établissement hospitalier afin d'y être traité, il ne sera pas soumis aux dispositions indiquées ci-dessus et pourra, sur sa demande expresse, bénéficier de l'anonymat au moment de l'admission et de la gratuité des soins.

Par ailleurs, ce texte prévoit que seront punis d'un emprisonnement de deux mois à deux ans et d'une amende de 2 000 à 10 000 F ou de l'une de ces deux peines seulement ceux qui auront contrevenu aux dispositions des règlements d'administration publique concernant la production, le transport, l'importation, l'exportation, la détention, l'offre, la cession, l'acquisition et l'emploi des substances ou plantes ou la culture des plantes classées comme vénéneuses par voie réglementaire ainsi que tout acte se rapportant à ces opérations.

Ces peines seront portées de 2 à 10 ans d'emprisonnement et de 5 000 à 50 000 000 de F lorsque le délit aura consisté dans l'importation, la production, la fabrication ou l'exportation illicites de ces substances ou plantes. Elles frapperont également tous ceux qui auront favorisé, par quelque moyen que ce soit, à titre onéreux ou gratuit, à autrui l'usage desdits produits.

La *prise en charge* des toxicomanes est un problème complexe. Le sevrage ne représente qu'une phase du traitement : brusque, il peut jouer ultérieurement un rôle thérapeutique en prévenant les rechutes chez un petit toxicomane pusillanime ; plus souple, il permettra peut-être un accrochage de bon aloi. Dans quelles conditions doit-il se faire ? Les avis divergent profondément. Entre le « Daytop » des Etats-Unis, d'inspiration comportementaliste et très contraignant et des communautés où l'idéologie et la bonne volonté sont seules requises, se situent un grand nombre de méthodes dont la plupart sont basées sur la notion de « contrat » passé avec le malade et faisant plus ou moins appel à sa collaboration.

C'est après que commencent les vraies difficultés : la prise en charge psychothérapique et la réinsertion sociale. Tout est possible, mais tout est aussi parfois illusoire. La seule chose indispensable est de ne pas laisser le toxicomane livré à lui-même et surtout en contact avec ses fréquentations néfastes antérieures.

Quel est le *devenir* des toxicomanes ? Les documents sur ce point sont très rares. F. Davidson et F. Curtet, en 1978, ont étudié celui de 150 toxicomanes aux drogues « dures », 95 garçons et 55 filles. Ils donnent les chiffres suivants :

17 % (26, dont 15 garçons et 11 filles) peuvent être considérés comme guéris ;

14 % (21, dont 13 garçons et 8 filles) sont dans un état favorable mais restent fragiles ;

18 % (27, dont 16 garçons et 11 filles) ont un mauvais pronostic ;

5 % sont décédés ;

46 % n'ont pas été retrouvés ou ont refusé de répondre.

TABLE DES MATIÈRES

PREMIÈRE PARTIE

GÉNÉRALITÉS SUR LES TOXICOMANIES

DEUXIÈME PARTIE

ÉTUDE PARTICULIÈRE DES TOXICOMANIES

TROISIÈME PARTIE

LA PROTECTION SOCIALE CONTRE LES TOXICOMANIES

Imprimé en France
Imprimerie des Presses Universitaires de France
73, avenue Ronsard, 41100 Vendôme
Novembre 1982 — N° 28 349